insel taschenbuch 5032
Rainer Haubrich
Die Champs-Élysées

W0189789

Seit mehr als 300 Jahren sind die Champs-Élysées ein Spiegel der französischen Geschichte und Kultur. Die Prachtstraße steht für Luxus und Vergnügen, für große Feiern und Demonstrationen. Hier wurde Napoleon bejubelt und zur letzten Ruhestätte geleitet, hier wurde Mata Hari verhaftet. Hitler fuhr die Avenue frühmorgens im offenen Wagen hinauf, General de Gaulle marschierte sie hinunter. Hier tanzten die Kessler-Zwillinge im *Lido*, hier war Jean-Paul Belmondo *Außer Atem*, hier kam Jan Ullrich bei der Tour de France als Erster ins Ziel.

In diesem reich illustrierten Buch erzählt Rainer Haubrich, ausgezeichnet mit dem Deutsch-Französischen Journalistenpreis, wie aus der grünen Promenade Ludwigs XIV. der berühmteste Boulevard der Welt wurde.

Rainer Haubrich, geboren 1965, ist WELT-Redakteur und Architekturkritiker. Er hat zahlreiche Bücher zur Baugeschichte Berlins veröffentlicht. 2015 erhielt er den Schinkel-Preis der Karl-Friedrich-Schinkel-Gesellschaft.

Im insel taschenbuch liegen von ihm außerdem vor: *Der Kurfürstendamm* (it 4889); *Das Scheunenviertel* (it 4762).

RAINER HAUBRICH
DIE CHAMPS-ÉLYSÉES

Eine kurze Geschichte
des berühmtesten Boulevards der Welt

Mit zahlreichen farbigen Fotografien

INSEL VERLAG

Klimaneutral
Druckprodukt
ClimatePartner.com/14438-2110-1001

Erste Auflage 2024
insel taschenbuch 5032
Originalausgabe
© Insel Verlag Anton Kippenberg GmbH & Co. KG, Berlin, 2024
Alle Rechte vorbehalten. Wir behalten uns auch eine
Nutzung des Werks für Text und Data Mining
im Sinne von § 44b UrhG vor.
Umschlaggestaltung: Designbüro Lübbeke Naumann Thoben, Köln
Umschlagfoto: Jerome Delaunay/iStock by Getty Images, München
Druck: optimal media GmbH, Röbel / Müritz
Printed in Germany
ISBN 978-3-458-68332-2

www.insel-verlag.de

INHALT

Abb. 1. Einzigartige Stadtfigur: Blick von Westen über die Place de l'Étoile mit dem Triumphbogen und die Champs-Élysées bis zum Louvre.

EINLEITUNG

Die großen Boulevards der Welt sind schon oft totgesagt worden. Banal und austauschbar seien sie geworden mit den überall gleichen Luxusmarken, den gleichen Textilketten, den gleichen Schnellrestaurants – sei es der Kurfürstendamm in Berlin, die Via Veneto in Rom oder New Yorks Fifth Avenue. Auch die Champs-Élysées, »la plus belle avenue du monde«, wie die Pariser sagen, die schönste Avenue der Welt, blieb von solcher Kritik nicht verschont. Aber die Klage gibt es seit anderthalb Jahrhunderten, wie Roland Pozzo di Borgo in seiner Geschichte des Boulevards schreibt: »Die Champs-Élysées sind immer gerade am Sterben.«

Schon Ende des 19. Jahrhunderts, als die Stadtpalais aus der ersten Bebauungszeit abgerissen und durch Miets- und Geschäftshäuser ersetzt wurden, hieß es, die Avenue verliere ihre Seele. Als in den 1930er Jahren die Kinos das Straßenbild veränderten, sahen manche das Ende der Eleganz gekommen. Als die Prêt-à-porter-Kollektionen die Haute Couture verdrängten und Brasserien die Gourmet-Restaurants ersetzten, glaubten viele, jetzt sei es vorbei mit dem Luxus. Als in den 1980er Jahren Kriminalität und Bettelei zunahmen, wurde vom Abstieg der Prachtstraße gesprochen. Auch die Umbaupläne im Zuge der Olympischen Sommerspiele 2024 in Paris sind umstritten. Manche fürchten, durch das Zurückdrängen der Autos zugunsten eines klimagerechten, grünen Boulevards werde dieser seinen großstädtischen Charakter verlieren.

Doch wie immer sich die Champs-Élysées künftig entwickeln – die Avenue verfügt über zwei Trümpfe, die ihr niemand nehmen kann. Der eine ist ihre unverwechselbare städtebauliche Figur. Die Straße beginnt an der Place de la Concorde, durchquert einen Park und führt dann sanft ansteigend hinauf zum krönenden Abschluss: dem Triumphbogen. Der andere Trumpf ist das historische Defilée der großen Namen, die hier seit Jahrhunderten vorbeiziehen. Keine andere Prachtmeile hat so viel Geschichte gesehen.

Die ersten schnurgeraden Alleen in Europa entstanden, lange bevor Ludwig XIV. die Anlage der Champs-Élysées befahl. Als älteste ihrer Art gilt die zentrale Allee im Parco delle Cascine in Florenz, die 1563 unter den Medici angelegt wurde. Auch Berlins Allee Unter den Linden ist älter als die Champs-Élysées: Der Große Kurfürst ließ sie 1647 anlegen, zwanzig Jahre vor der königlichen Achse in Paris. Doch diese übertraf schon bald alle anderen Prachtstraßen Europas. Mit dem Triumphbogen erhielt sie nicht nur einen einzigartigen Point de vue, der schon vom Beginn der Straße an der Place de la Concorde zu sehen ist. Um das Monument herum entstanden weitere elf Straßen, die sternförmig auf den Triumphbogen zulaufen – eine weltweit einmalige Komposition.

Einige Städte in Europa haben ähnliche Achsen, aber keine davon reicht an das Pariser Vorbild heran. Münchens Maximilianstraße, die am Max-Joseph-Platz vor der Staatsoper beginnt und im Maximilianeum gipfelt, fehlt es an städtischem Leben. Lissabons Avenida da Liberdade, noch am ehesten vergleichbar, ist zu breit. Und beide Prachtstraßen haben nicht annähernd so viel erlebt wie das Pariser Vorbild.

Auf den Champs-Élysées hat sich nicht nur französische Geschichte zugetragen, sondern Weltgeschichte. Angefangen mit den Ausflügen der gehobenen Gesellschaft unter dem Sonnenkönig Ludwig XIV., deren Nachkommen während der Französischen Revolution an gleicher Stelle guillotiniert wurden. Auf der Avenue wurden Napoleon und seine Truppen bejubelt und seine sterblichen Überreste zum Invalidendom überführt. Hier feierte der Kölner Jacques Offenbach große Triumphe mit seinen Operetten, hier verliebte sich der junge Marcel Proust, hier wurde im Luxus-Hotel *Élysée Palace* die Spionin Mata Hari verhaftet.

Deutsche Truppen zogen dreimal als Sieger über die Prachtstraße: 1814 die Preußen, 1871 die vereinten deutschen Armeen, 1940 die Wehrmacht. Nach der Einnahme von Paris fuhr Adolf Hitler früh-morgens im offenen Wagen die Champs-Élysées hinauf, am Ende des Zweiten Weltkriegs schritten General de Gaulle und Winston Churchill die Straße hinunter. Die ersten Deutschen, die nach der Nazi-Barbarei auf der Avenue gefeiert wurden, waren die Kessler-Zwillinge im *Lido* und der Schauspieler Curd Jürgens, der auf den Champs-Élysées eine Wohnung besaß.

Gekrönte Häupter, Staatenlenker, Weltstars – kaum jemand, der sich bei seinem Paris-Besuch nicht auf den Champs-Élysées zeigte: Charlie Chaplin, Königin Elisabeth II., John F. Kennedy, die Beatles und Papst Johannes Paul II., der im Helikopter einschwebte. Alain Prost und Michael Schumacher fuhren mit ihren Formel-1-Boliden über die Prachtstraße. Und die Fußballer der Équipe Tricolore feier-ten hier zweimal den Gewinn der Weltmeisterschaft.

Seit die ersten Bäume gepflanzt wurden, haben sich die Champs-Élysées wieder und wieder gewandelt. Sie sind durch Krisen gegan-gen und doch immer wieder zurückgekommen. Längst gehören sie nicht nur den Parisern oder Frankreich allein. Seit dem Beginn des Massentourismus wurden sie zu einem Abbild der Weltgesell-schaft. Zugleich hat sich der Boulevard demokratisiert. Man kann hier Unsummen ausgeben – oder sich einfach nur mit einem Im-biss auf eine Bank setzen.

Die große Zeit der Boulevards mag vorbei sein, aber ihr Mythos lebt. Auch jener der Champs-Élysées, dieser einzigartigen zwei Kilo-meter, auf denen Paris, wie Claude Maggiori schrieb, vom Triumph-bogen hinunter bis zur Place de la Concorde der ganzen Welt »den roten Teppich ausrollt«.

Abb. 2. Der Beginn der Champs-Élysées 1830. Der Triumphbogen war damals noch im Bau, aber Eustache Duval malte ihn schon vollendet.

I. KAPITEL: bis 1852

DIE KÖNIGLICHE ACHSE NACH WESTEN

Ludwig XIV. hatte 1667 viel zu tun. Der 28-jährige König von Frankreich legte sich wegen einer Erbschaftssache mit Spanien an und ließ seine Truppen in dessen niederländische Besitzungen einmarschieren. Er brachte eine Reform des Justizwesens auf den Weg. Er beschäftigte sich mit dem Ausbau des damals noch bescheidenen Jagdschlosses in Versailles. Im Juni legte er den Grundstein für das Königliche Observatorium in Paris. Im Juli diktierte er neue Qualitätsstandards für die Seidenmanufakturen in Lyon. Und im August, als seine Truppen die Stadt Lille belagerten, befahl er per Dekret die Anlage der längsten Allee von Paris.

Er nahm dabei eine Idee auf, die schon unter seinen Vorgängern Heinrich IV. und Ludwig XIII. entstanden war: Beginnend in der Mitte des Tuilerien-Schlosses sollte eine schnurgerade Straße nach Westen führen – bis hinauf zum Chaillot-Hügel (der heutigen Place de l'Étoile) und weiter bis nach Neuilly. Der wichtigste Landschaftsarchitekt Frankreichs, André Le Nôtre, erhielt den Auftrag, diese majestätische Achse mit vier Baumreihen anzulegen, genannt Avenue des Tuileries, die eine Verbindung herstellen sollte zum Schloss von Saint-Germain-en-Laye, wo Ludwig XIV. geboren wurde, und nach Versailles. Sein Dekret vom 24. August 1667 gilt als Gründungsdokument der späteren Avenue des Champs-Élysées.

Paris war damals mit rund 400 000 Einwohnern die größte Stadt Europas. Sie endete im Osten an der Bastille und im Westen am Festungsgraben hinter dem Lustgarten des Tuilerien-Schlosses. Jenseits davon lag unbewohntes Gelände mit Sümpfen, Getreidefeldern und Wiesen. Nur eine kleine Brücke führte hinüber auf dieses Ter-

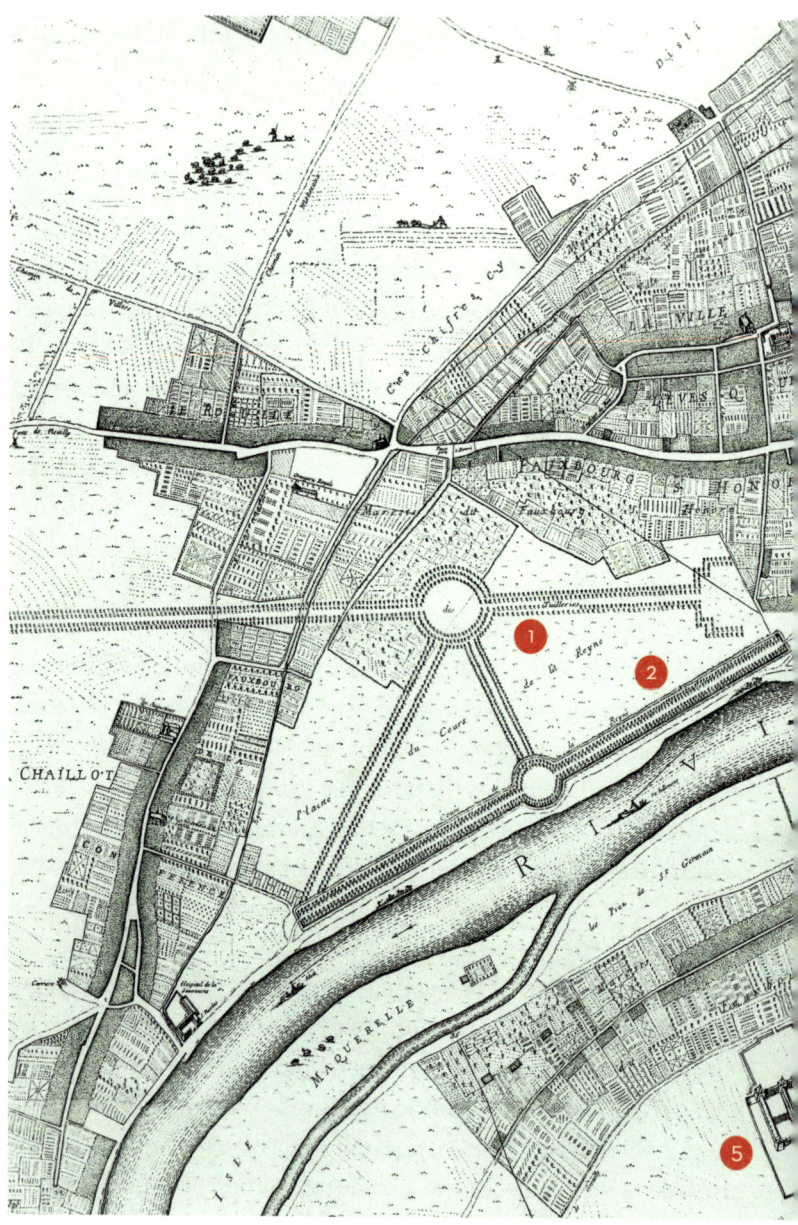

Abb. 3. Die älteste Darstellung der Champs-Élysées: Ausschnitt aus dem Stadtplan von Rochefort (1672). Hier rot markiert: Champs-Élysées (1), Cours la Reine (2), Tuilerien-Schloss (3), Louvre (4) und Invalidendom (5).

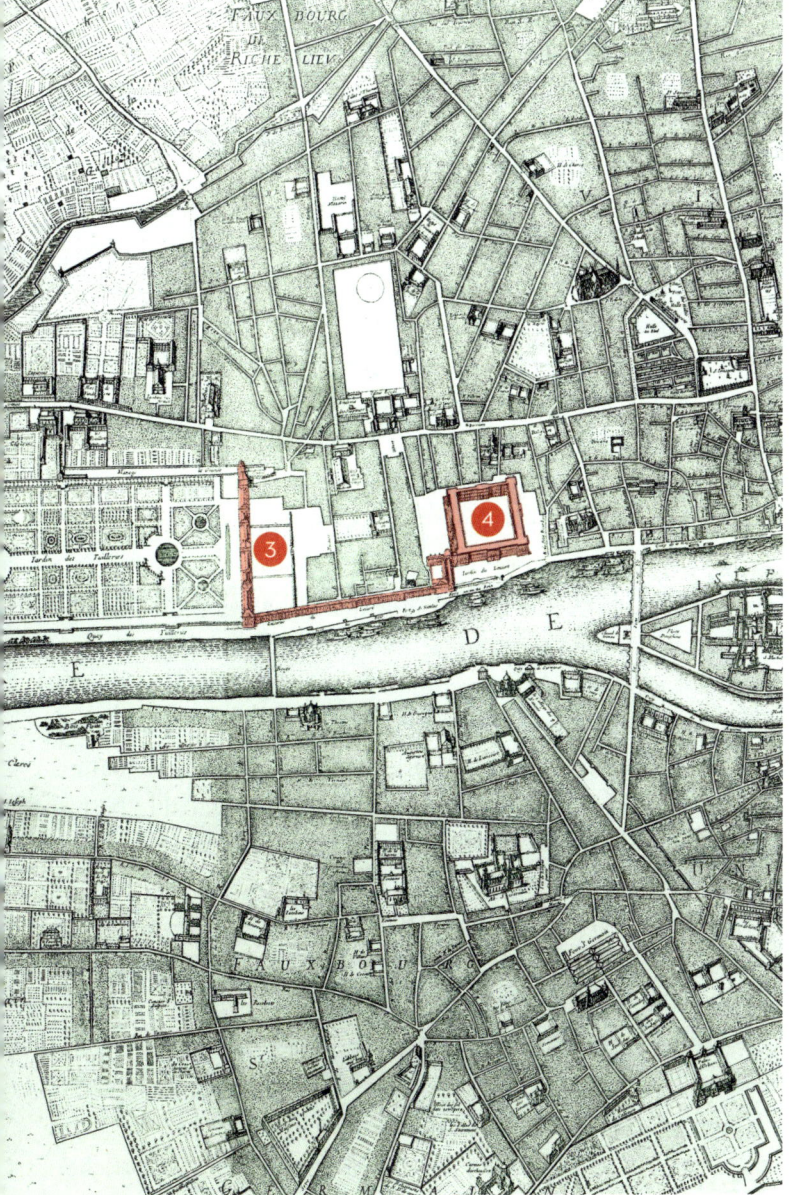

rain, auf dem sich schon eine Allee mit Ulmen und Lindenbäumen befand: der Cours la Reine entlang des Seine-Ufers, eine Promenade zum Lustwandeln, die Ludwigs Großmutter Maria de' Medici ein halbes Jahrhundert zuvor nach einem Vorbild aus ihrer Heimat Florenz hatte anlegen lassen. Dort trafen sich – schon lange vor den Champs-Élysées – die ersten Ausflügler der besseren Gesellschaft. Die Schriftstellerin Madeleine de Scudéry schrieb damals über den Cours la Reine: »Hier ist der Ort, an dem alle Damen am Abend in kleinen offenen Kutschen hin und her fahren. Die Männer reiten ihnen hinterher auf eine Weise, die sie mal zu der einen, mal zu der anderen führt. Diese Promenade ist ein Ort der Konversation, und alle beobachten sich ganz genau.«

Bald ist der erste Abschnitt der neuen Allee des Tuileries bepflanzt. Er führt bis zu einem runden Platz (dem heutigen Rond-Point des Champs-Élysées), von dort stellen zwei weitere Alleen Verbindungen zum Cours la Reine an der Seine her. Auch das Gelände dazwischen wird in einer geometrischen Ordnung dicht mit Bäumen bepflanzt, in den rechteckigen Lichtungen werden Rasenflächen angelegt. Aus dem einst öden Gelände ist ein Ort geworden, der besonders im Sommer durch seine Schatten spendenden Bäume und die frische Luft zu Spaziergängen einlädt und bald Champs-Élysées genannt wird – elysische Felder. Diese waren in der griechischen Mythologie ein paradiesischer Ort in der Unterwelt, an dem die Helden und Halbgötter auf Wiesen des ewigen Frühlings das Leid der Welt hinter sich lassen konnten. Erstmals erscheint diese Bezeichnung auf einem Stadtplan von 1692.

Nach dem Tod Ludwigs XIV. im Jahr 1715 kehrte die Hofgesellschaft mit dem erst fünfjährigen Thronfolger und dem Regenten Philipp II. von Orléans von Versailles nach Paris zurück, wo sie das Tuilerien-Schloss bewohnte. Der Umzug sollte nur ein Zwischenspiel bleiben, 1722 zog der Hof wieder nach Versailles. Aber in diesen

Abb. 4. Blick vom Beginn der Champs-Élysées zum Chaillot-Hügel hinauf.
Die Bäume wurden streng geometrisch gepflanzt.

sieben Jahren erlebten die Pariser Stadtquartiere rund um den Louvre einen Aufschwung, besonders die Rue du Faubourg St. Honoré. Auf deren Südseite entstanden mehrere repräsentative Palais mit rückwärtigen Gärten, die bis an die Champs-Élysées heranreichten: das Hôtel de Pontalba (heute Botschaft der USA), das Hôtel de Charost (heute Britische Botschaft) und das Hôtel d'Évreux. Letzteres bewohnte bald die Marquise de Pompadour, die Maitresse Ludwigs XV. Es wurde später in Palais de l'Élysée umbenannt, weil der vergrößerte Garten bis in das Gelände der Champs-Élysées hineinreichte. Seit 1873 ist es der Sitz des französischen Staatspräsidenten.

Schon als André Le Nôtre die Achse nach Westen plante, gab es Ideen, wie man den höchsten Punkt der Avenue auf dem Chaillot-Hügel, den man wegen der sternförmig abgehenden Straßen inzwischen »butte de l'Étoile« nannte, durch ein Monument besonders

15

markieren könnte. So findet sich in den Aufzeichnungen Jean-Baptiste Colberts, Finanzminister unter Ludwig XIV., der Hinweis auf eine geplante Pyramide, die aber, wie Colbert schreibt, »schwierig zu konstruieren« sei. Niemand nahm die Idee auf. Bis 300 Jahre später unter François Mitterrand tatsächlich eine Pyramide gebaut wurde: allerdings im Hof des Louvre – und aus Glas.

EIN STEINERNER ELEFANT FÜR DIE PLACE DE L'ÉTOILE

Einen spektakulären Vorschlag präsentierte 1758 der Architekt Charles François Ribart de Chamoust. Zu Ehren von König Ludwig XV. wollte er auf dem Hügel einen steinernen Elefanten mit einer Höhe von fünf Stockwerken errichten. Dessen hohle Innenräume sollten jeweils für einen bestimmten Zweck genutzt werden: Geplant waren u. a. ein Salon, ein Speisezimmer und ein kleines Theater, aus dem die Musik über die Ohren des Elefanten nach draußen dringen würde. Aus dem Rüssel sollte eine Fontäne in ein Bassin sprudeln. Stabilität hätte dem Bauwerk eine zentrale Säule mit dem Treppenhaus gegeben. Das Projekt kam nie zustande, aber es diente sechzig Jahre später als Vorbild, als man auf dem Platz der Bastille einen 24 Meter hohen Elefanten aus Gips errichtete, der dort drei Jahrzehnte lang stand.

Bis zur Mitte des 18. Jahrhunderts fehlte zwischen dem Tuilerien-Garten und dem Beginn der Champs-Élysées (wo sich heute die Place de la Concorde befindet) immer noch eine repräsentativ gestaltete Verbindung. Die Trampelpfade, die sich dort kreuzten, empfand man nicht mehr als angemessen. Am Anfang der Platzplanung stand eine Initiative von Pariser Kaufleuten: 1748 gaben sie ein Standbild für Ludwig XV. in Auftrag, um dessen Genesung nach schwerer Krankheit zu feiern. Als idealer Ort wurde ein neu anzulegender

Abb. 5. *Eine Idee von Charles Ribart aus dem Jahr 1758: Dieser begehbare Elefant sollte dort stehen, wo später der Triumphbogen gebaut wurde.*

Platz zwischen Tuilerien und Champs-Élysées ins Auge gefasst, er sollte entsprechend Place Louis XV. heißen. Ange-Jacques Gabriel, »Erster Architekt des Königs«, entwarf eine achteckige Platzfigur, die an den Rändern begrenzt war durch tieferliegende Rasenflächen, ähnlich einem Festungsgraben. Die Gräben verschwanden später, aber die Struktur des Achtecks ist bis heute auf der Place de la Concorde zu erkennen.

In der Mitte des Platzes, genau am Schnittpunkt der Achse Louvre/Champs-Élysées und der in Nord-Süd-Richtung verlaufenden Rue Royale, wo heute der Obelisk von Luxor steht, befand sich die Statue für Ludwig XV., die den König zu Pferd darstellte. 1772 war die Anlage fertig. Auf der Nordseite des Platzes errichtete Gabriel zwei symmetrisch angeordnete Gebäude mit identischen klassizistischen Fassaden. Sie sind bis heute erhalten und beherbergen zur Linken das *Hotel de Crillon* und den französischen Automobilclub und zur Rechten das Museum Hôtel de la Marine.

Parallel zur Anlage der Place de la Concorde erhielten die oberen Champs-Élysées eine wirkungsvolle städtebauliche Korrektur: Um der Avenue auf ihrem obersten, steil ansteigenden Abschnitt ein gleichmäßigeres Gefälle zu geben, wurden auf Vorschlag Gabriels am höchsten Punkt des Chaillot-Hügels (der heutigen Place de l'Étoile) fünf Meter Erde abgetragen, wodurch zugleich ein großzügig angelegter runder Platz entstand. Mit dem Erdaushub schüttete man die oberen Champs-Élysées auf sowie die Trassen der Rue Balzac und Rue Washington.

Trotz dieser Verschönerungen hatten die Champs-Élysées lange Zeit einen schlechten Ruf. Sie waren ein Ort mit anspruchslosen Imbiss- und Jahrmarktbuden, der Prostituierte und sogar Räuber anzog. Ein besseres Publikum strömte zwischenzeitlich in das 1771 eröffnete *Colisée*, einen luxuriösen Vergnügungspalast am Rond-Point des Champs-Élysées. Wie die damals 16-jährige Malerin Elisabeth Vigée Le Brun in ihren Erinnerungen schreibt, entwickelte sich das Etablissement »zum Treffpunkt aller jungen Eleganten von Paris«. Man sah dort den Herzog von Uzès, den Herzog von La Vrillière mit seiner Freundin, die Gräfin von Langeac und den Herzog von Croÿ, der den Ort in seinem Tagebuch erwähnt, außerdem bekannte Schauspielerinnen, Sängerinnen und Tänzerinnen. Sogar ein Besuch der 20-jährigen Königin Marie-Antoinette ist belegt: Sie schaute am 14. August 1776 vorbei – in Begleitung des Grafen von Provence und des Grafen von Artois. Das *Colisée* musste schon nach neun Jahren schließen, weil zu viele Bürger nach wie vor zögerten, sich abends in diesen noch immer abgelegenen Teil von Paris zu begeben. Dabei war 1777 sogar ein Posten der Schweizergarde eingerichtet worden, um die Sicherheit auf den Champs-Élysées zu erhöhen. An den Vergnügungspalast erinnert heute nur noch die Rue du Colisée.

In dieser Zeit entstand an der Avenue eines der ersten repräsentativen Gebäude: das zweigeschossige klassizistische Hôtel de Massa. Es ist das älteste noch erhaltene Gebäude der Champs-Élysées – auch wenn es heute nicht mehr an seinem ursprünglichen Standort an der Ecke zur Rue de la Boetie steht, sondern im Garten des Observatoriums im 14. Arrondissement.

Das Hôtel de Massa hat eine bewegte Geschichte und war Schauplatz zahlreicher Feste. Ein Eigentümer war der Herzog von Richelieu, Napoleon Bonaparte erwarb das Gebäude für den Staat, es war Sitz des italienischen Botschafters, dann Wohnhaus des Barons Roger du Nord, eines Bankiers schweizerischer Herkunft. Die Familie de Massa bewohnte das Hôtel ab 1857. Als der Herzog de Massa 1871 den Einmarsch der preußischen Truppen auf den Champs-Élysées beobachtete, schloss er die Jalousien und schwor, sie erst am Tag der Rache wieder zu öffnen. Diese Genugtuung war erst seinem Enkel vergönnt, beim Waffenstillstand von Compiègne 1918, mit dem die Kampfhandlungen des Ersten Weltkriegs endeten.

Abb. 6. Das Hôtel de Massa von 1778 ist das älteste erhaltene Gebäude der Champs-Élysées. Man versetzte es 1927 ins 14. Arrondissement.

1927 war das Palais vom Abriss bedroht. Der Präsident der *Galeries Lafayette*, Théophile Bader, und der Immobilienunternehmer André Lévy erwarben das Gebäude, um an gleicher Stelle einen großen Neubau für die *First National City Bank* zu errichten. Sie erhielten die Genehmigung unter der Bedingung, dass sie das Hôtel de Massa Stein für Stein abtrugen und an einem anderen Ort wieder aufbauten. Seitdem steht es in der Rue du Faubourg Saint-Jacques 38 im 14. Arrondissement. Das Gebäude wurde 1928 dem Staat unter der Auflage geschenkt, dass es der *Société des gens de lettres* zur Verfügung gestellt wird. Diese nutzt es bis heute.

Ein anderes berühmtes Palais aus der Frühzeit der Champs-Élysées war das Hôtel de Langeac an der Ecke Rue de Berri. Leider ist es nicht erhalten. Es ging in die Geschichte ein, weil dort im Oktober 1785 der damalige Botschafter der noch jungen Vereinigten Staaten, Thomas Jefferson, einzog. Er war ein Jahr zuvor in Paris angekommen und hatte drei Residenzen ausprobiert, darunter das Hôtel d'Orléans und das Hôtel Landron, aber keines schien ihm angemessen für die US-Gesandtschaft. Über seine neue Residenz an den Champs-Élysées schreibt er Abigail Adams, der späteren First Lady: »Ich habe endlich ein Haus an einem viel schöneren Ort bekommen. Es ist am Champs-Élysées-Tor, aber in der Stadt. Es passt in jeder Hinsicht zu mir, abgesehen vom Preis, der höher ist als der bisherige. Es hat einen schönen Garten.«

Das zweistöckige Hôtel de Langeac war auf einem Teil eines größeren Grundstücks errichtet worden, auf dem sich zuvor eine königliche Gärtnerei befand. Es hatte 24 Zimmer und verfügte – damals noch eine Seltenheit – über fließendes Wasser. Während Jeffersons vierjährigem Aufenthalt in Paris war das Haus ein Zentrum des gesellschaftlichen Lebens. Er empfing dort seine Freunde und Gäste, darunter den General La Fayette, den Philosophen und Aufklärer de Condorcet, den Politiker und Unternehmer La Rochefoucauld, den Ökonomen Du Pont de Nemours und den Schriftsteller de Chastellux. Außerdem wohnte der englische Maler John Trumbull mehrere Monate bei Jefferson und arbeitete dort an seiner Gemäldeserie zum Gedenken an die Amerikanische Revolution. Das Palais wurde 1842 für einen Nachfolgebau abgerissen, der wiederum 1898 weichen musste für ein Geschäftshaus, das bis heute mit vereinfachter Fassade erhalten ist. Dort befindet sich eine Gedenktafel für Thomas Jefferson, die 1919 ehemalige Studenten der einst von ihm gegründeten Universität von Virginia stifteten.

DIE AVENUE WÄHREND DER
FRANZÖSISCHEN REVOLUTION

Nach dem Beginn der Französischen Revolution marschierte auf den Champs-Élysées am 5. Oktober 1789 der Zug der 7000 Frauen mit Mistgabeln und Spießen nach Versailles, um von König Ludwig XVI. eine bessere Versorgung mit Brot zu fordern. Am nächsten Tag erzwangen sie die Rückkehr der königlichen Familie nach Paris, wo man sie im Tuilerien-Schloss einquartierte. Am 25. Juni 1791 führten die Revolutionäre die Herrscherfamilie noch ein letztes Mal über die Avenue zurück, nachdem deren Flucht in Varennes entdeckt worden war.

1793 begann die blutigste Episode in der Geschichte der Champs-Élysées. Während der Französischen Revolution war die Reiterstatue Ludwigs XV. auf dem jetzt Place de la Révolution genannten Platz zerstört und entfernt worden. An ihrer Stelle errichtete man am 21. Januar eine Guillotine, mit der der Henker noch am selben Tag Ludwig XVI. enthauptete. Es folgten seine Gattin, Königin Marie-Antoinette, Louis-Philippe II. Joseph de Bourbon, duc d'Orléans sowie 1794 die Revolutionäre Georges Danton und Maximilien de Robespierre. Innerhalb von nur zweieinhalb Jahren gab es dort 1345 Hinrichtungen.

Trotz der turbulenten Zeiten erfuhren die Champs-Élysées eine Aufwertung. Die Getränke- und Jahrmarktbuden verschwanden, stattdessen öffneten Pavillons mit eleganten Restaurants und Cafés. Ein zeitgenössischer Bericht nennt auf der Südseite der Avenue das *Café Martin*, das *Café de l'Aurore* und das *Café de la Reunion*; auf der Nordseite *L'Étoile du Matin*, *L'Orangerie*, das *Café des Quatres Saisons* und das Restaurant *Le Dauphin*, das bald darauf vom ehemaligen Tellerwäscher und Caterer Pierre-Michel Ledoyen übernommen und unter seinem Namen fortgeführt wurde. Dort sollen sich Napoleon und seine erste Ehefrau Joséphine de Beauharnais kennengelernt haben. Spätere Stammgäste waren u. a. Edgar Degas, Claude Monet, Emile Zola, Gustave Flaubert und Guy de Maupassant. Das Restaurant besteht bis heute, seit 2002 hat es drei Michelin-Sterne.

Kurz nach der Jahrhundertwende machte man sich an den Bau eines Monuments auf dem Hügel des Étoile, nach dem das Ancien Régime so lange gesucht hatte. Der Generalrat des Departements Seine beschloss im Oktober 1801 die Errichtung eines Denkmals für den siegreichen Ersten Konsul Napoleon Bonaparte. Der Kunsthistoriker Quatremère de Quincy hatte in seinem Bericht einen Triumphbogen vorgeschlagen, allerdings auf dem Gelände des abgerissenen Grand Châtelet (der heutigen Place du Châtelet). Bonaparte antwortete: »Ich nehme das Angebot an, dieser Platz soll es sein. Aber überlassen wir den kommenden Jahrhunderten die Aufgabe, den Triumphbogen zu errichten, wenn sie dann noch dieselbe gute Meinung von mir haben wie heute.«

Fünf Jahre später, da war er schon Kaiser, wollte Napoleon, dass die Huldigung nicht ihm galt, sondern seinen Soldaten. Per Dekret ordnete er 1806 die Errichtung eines Triumphbogens zu Ehren der französischen Armeen an. Dieser solle am östlichen Eingang zur Stadt, an der Rue Saint-Antoine errichtet werden. Für den höchsten Punkt der Champs-Élysées, die Place de l'Étoile, war ein monumentaler Elefant vorgesehen, wie ihn der Architekt Ribart de Chamoust schon 1758 vorgeschlagen hatte.

Aber Innenminister Jean-Baptiste Nompère de Champagny hatte eine andere Vision: Der schönste Standort für einen Triumphbogen sei am Zugang zur Stadt im Westen, auf der Place de l'Étoile. »Das Denkmal würde von sehr weit her gesehen werden, es würde den Reisenden, der nach Paris kommt, mit Bewunderung erfüllen«, schrieb er in einer Beschlussvorlage. »Denn Denkmäler dieser Art

Abb. 7. Im Jahr 1810 wollten Napoleon und die österreichische Erzherzogin Marie Louise durch den Triumphbogen zu ihrer Hochzeit fahren. Weil von dem Bauwerk damals nur die Fundamente standen, wurde eine Attrappe mit bemalten Planen errichtet.

wirken aus großer Entfernung viel besser, indem sie der Fantasie ein freieres Feld lassen. Eure Majestät würde an ihm vorbeikommen jedes Mal auf dem Weg nach Malmaison, nach Saint-Germain oder nach Saint-Cloud.« Napoleon nahm diesen Rat an. Der geplante Elefant sollte dafür auf der Place de la Bastille aufgestellt werden.

Bei seinem Entwurf für den Triumphbogen ließ sich Jean-François Chalgrin vom antiken Titusbogen in Rom inspirieren, der damals gerade restauriert wurde. Während das römische Vorbild 15 Meter hoch war, sollte der Pariser Triumphbogen mehr als dreimal so groß werden: 50 Meter hoch und 45 Meter breit. Am 15. August 1806, dem Geburtstag des Kaisers, war die Grundsteinlegung. Die Arbeiten an dem Monumentalbau gingen nur langsam voran: Das Fundament allein erforderte eine zweijährige Bauzeit, und im Jahr 1809 ragten die vier Pfeiler erst einen Meter über den Boden.

Aber es stand die Hochzeit von Napoleon mit der österreichischen Erzherzogin Marie Louise an, und der Kaiser wollte aus diesem Anlass in einer Kutsche unter dem Triumphbogen hindurch und die Champs-Élysées hinunterfahren. Deshalb erhielt Chalgrin den Auftrag, über dem Fundament eine Attrappe des Bauwerks aus Holz, Stuck und bemalten Leinwänden zu errichten. Die Arbeiten begannen am 2. März 1810, einen Monat vor der geplanten kaiserlichen Hochzeit. Mehr als 400 Arbeiter waren anfangs auf der Baustelle, aber viele von ihnen sprangen ab, als sie nicht die geforderte Lohnerhöhung bekamen. Trotzdem konnte am 12. März mit dem Aufrichten der Attrappe begonnen werden, einen Tag vor der Abreise der künftigen Kaiserin aus Wien. Man wurde rechtzeitig fertig: Drei Wochen später zogen die kaiserlichen Majestäten in Paris ein. Chalgrin stellte die Bauarbeiter zur Bewachung des Monuments ab, da man fürchtete, dass das Feuerwerk, das auf den beiden Zollhäusern von Ledoux abgebrannt werden sollte, den provisorischen Triumphbogen in Brand setzen könnte.

Napoleon erlebte die Vollendung des Triumphbogens nicht mehr. Denn die politisch-militärischen Kräfteverhältnisse in Europa verschoben sich. Sein Russlandfeldzug 1812 endete in einem Desaster, 1814 standen die Alliierten vor Paris. Am 31. März zogen die Monarchen von Russland und Preußen in der Hauptstadt ein. Von einer

Tribüne in der Nähe des Élysée-Palastes verfolgten Zar Alexander I., König Friedrich Wilhelm III. von Preußen und der österreichische Prinz Schwarzenberg die Parade ihrer Truppen auf den Champs-Élysées. Zwei Wochen später unterzeichnete Napoleon in Fontainebleau seine Abdankung.

KOSAKEN KAMPIEREN AUF DEN CHAMPS-ÉLYSÉES

Die siegreichen Soldaten der Alliierten kampierten im Zentrum von Paris. In den Gärten nördlich der Champs-Élysées schlugen die russischen Kosaken ihre Zelte auf. Deren Ruf beunruhigte die Pariser. Während die Offiziere des Zaren in Privatwohnungen untergebracht waren, riefen die Lager der Kosaken Abscheu hervor: »Sie verströmen einen stinkenden Geruch, Ungeziefer frisst sie auf«, schrieb Marie-Anne de Marigny, die ältere Schwester des Vicomte de Chateaubriand, in ihr Tagebuch. Der Engländer Thomas Underwood war ähnlich streng: Auf der linken Seite der Straße, bei den Preußen, herrschten Disziplin, Ordnung und militärischer Luxus; auf der rechten Seite hingegen »sah man nur eine verwirrende Ansammlung von Barbaren vom Don, aus den Wüsten Tartariens und von den Ufern des Kaspischen Meeres«. Die Kosaken machten viele der prächtigen Ulmen zu Brennholz, und von denen, die noch standen, fraßen ihre Pferde die Rinde ab. Der Polizeipräfekt Etienne Pasquier beschwerte sich bei den Besatzern. Worauf der Zar, der im Élysée-Palast untergebracht war, befahl, die Zerstörungen zu stoppen.

Doch nach einigen Wochen wurden die Pariser mutiger. Von Neugier getrieben, näherten sie sich den Biwaks und beobachteten die »sechs Fuß großen« Kosaken mit ihren ausgebeulten Hosen und Pelzmützen. Vor den Augen der Spaziergänger flickten sie Uniformen, zeigten ihr akrobatisches Geschick und rannten halbnackt davon, um ihre Pferde in der Seine zu baden. Es sprach sich in der Stadt herum: Die Kosaken auf den Champs-Élysées sind rau, aber liebenswert. Der Schriftsteller Victor Hugo, damals zwölf Jahre alt, erinnerte sich später: »Den üblichen Abbildungen ähnelten sie in keiner Weise; sie hatten keine Halsketten aus menschlichen Ohren; sie zündeten keine Häuser an; sie waren sanft und höflich; sie hatten einen tiefen Respekt vor Paris, das für sie eine heilige Stadt war.«

1815 kehrte Napoleon von der Insel Elba zurück und riss noch einmal für 100 Tage die Herrschaft an sich. Aber mit der Schlacht von Waterloo am 18. Juni war sein Schicksal endgültig besiegelt. Vier Tage später unterzeichnete er im Élysée-Palast seine Abdankung. Als er am 25. Juni Paris über die Champs-Élysées in Richtung Westen für immer verließ, sah er den halbfertigen Triumphbogen zum letzten Mal. Napoleon machte zunächst Station in seinem Sommerschloss Malmaison und reiste dann weiter zum Atlantikhafen Rochefort, von dem aus er in die Vereinigten Staaten zu entkommen hoffte. Stattdessen verbannten ihn die Briten auf die Insel St. Helena. Dort starb er am 5. Mai 1821.

Zwei Jahre nach Napoleons Tod ordnete Ludwig XVIII. den Weiterbau des Triumphbogens an. Das Bauwerk sollte nun an die siegreiche Expedition nach Spanien erinnern. 1830 griff der »Bürgerkönig« Louis-Philippe I. den ursprünglichen Gedanken Napoleons auf, verband aber im Geiste der Versöhnung die Armeen, die zwischen 1792 und 1815 gekämpft hatten. Louis-Philippe I. und Premierminister Adolphe Thiers wählten auch die Bildhauer und die dargestellten Themen aus. Auf der zu den Champs-Élysées zeigenden Seite sollten zwei große Skulpturengruppen entstehen: »Der Auszug der Freiwilligen« (auch »La Marseillaise« genannt) von François Rude und »Der Triumph Napoleons« von Jean-Pierre Cortot. In die Innenwände der Pfeiler wurden die Orte von 136 siegreichen Schlachten eingemeißelt. Bemerkenswert ist der römisch anmutende Fries ganz

Abb. 8. Nach Frankreichs Niederlage 1814 kampierten die Kosaken in den Gärten der Champs-Élysées. Deren Pferde fraßen alle Bäume kahl.

oben, der in zwei Teile gegliedert ist: »Der Aufbruch der Armeen«
und »Die Rückkehr der Armeen«. Die Einweihung des Triumphbogens war am 29. Juli 1836 – 30 Jahre nach der Grundsteinlegung.

Die Champs-Élysées waren inzwischen eine noble Promenade geworden. Der Adel und die gehobene Bourgeoisie kamen, um auszureiten, während die Damen die frische Luft in offenen Kutschen genossen. Sattler, Pferdegeschirrmacher und berühmte Karosseriebauer eröffneten ihr Geschäft in der Hoffnung auf wohlhabende Kunden, die vor den Augen vieler Schaulustiger auf der Avenue verkehrten. Einen Eindruck vom eleganten Treiben auf der noch immer vorstädtisch wirkenden Avenue gibt Honoré de Balzac in seinem Roman *Verlorene Illusionen*. Er beschreibt einen Spaziergang seines Helden Lucien de Rubempré die Champs-Élysées hinauf. »In Gedanken versunken, ging er vor sich hin und betrachtete die Denkmäler der Place Louis XV. Das Wetter war schön. Ununterbrochen bewegten sich elegante Wagen an seinem Blick vorbei in Richtung auf die große Avenue des Champs-Élysées. Er folgte der Menge der Spaziergänger und erblickte schließlich die drei- oder viertausend Fahrzeuge, die, vom schönen Wetter angelockt, sonntags dieses Gelände bevölkern, als wollten sie die Rennbahn von Longchamp nachahmen.«

Aber ein etablierter Wohnort waren die Champs-Élysées noch nicht. Der Stadtplan von Picquet aus dem Jahr 1822 zeigt gerade einmal zehn Häuser auf der Avenue. Im gleichen Jahr begannen Investoren, das Quartier François Ier südlich des Rond-Point zu vermarkten. Die *Société des Champs-Élysées* sorgte für eine luxuriöse Infrastruktur: Sie finanzierte die Anlage der Rue Jean-Goujon und der Rue Bayard, die Pflasterung der Bürgersteige und die Brunnen und errichtete sogar ein Musterhaus im Stil der Renaissance, in der Hoffnung, die einzelnen Parzellen an reiche Kunden zu verkaufen. Zwischen 1822 und 1838 konnte sie aber nur zehn Häuser bauen. Von

1830 bis 1832 mietete der Schriftsteller Victor Hugo eine Wohnung im einzigen Haus (Nr. 9) in der Rue Jean-Goujon, die er als »Wüste« bezeichnete. Seine gelangweilte Frau drängte ihn schließlich dazu, wieder auszuziehen. Die meisten privaten Investoren wollten nicht in einem zu abgelegenen Viertel wohnen. Einige Gesellschafter machten Konkurs. Die Promotoren des Viertels François Ier waren eine Generation zu früh. Wenige Jahrzehnte später sollten neue Spekulanten am gleichen Standort wahre Vermögen aufbauen.

In den 1830er Jahren betrat ein deutscher Architekt die Szene, der in den nächsten Jahren großen Einfluss ausübte und auch die Champs-Élysées gestaltete: der in Köln geborene Jakob Ignaz Hittorff. Er hatte an der École des Beaux Arts studiert und schon als 22-Jähriger an den Empfangsbauten für die 1814 erfolgte Restitution der Bourbonen mitgewirkt. Vier Jahre später war er »Architecte de la ville de Paris et du Gouvernement« und blieb dies bis 1848. Er beaufsichtigte sämtliche Bauprojekte an der Place de la Concorde und auf den Champs-Élysées, er selbst entwarf den Neubau des Restaurants *Ledoyen* (bis heute erhalten), die Rotunde des Panoramas (1857 abgerissen), das Théâtre Marigny (1881 abgerissen) und den Sommerzirkus für 6000 Zuschauer mit einer so guten Akustik, dass der Komponist Hector Berlioz dort eine Konzertreihe veranstaltete (1900 abgerissen), außerdem Brunnen am Rond-Point und auf der Place de la Concorde, Gaslaternen und Kandelaber.

Hittorff schuf auch den fünf Meter hohen Sockel für den Obelisken von Luxor, der 1836 in der Mitte der Place de la Concorde aufgestellt wurde. Der 23 Meter hohe und 230 Tonnen schwere Monolith aus Granit war ein Geschenk des Vizekönigs von Ägypten, Muhammad Ali Pascha, an den französischen König Louis-Philippe I. Der Transport von Ägypten nach Frankreich hatte drei Jahre gedauert. Der ägyptische Obelisk entstand im 13. Jahrhundert v. Chr. zur Zeit Ramses' II. und ist das älteste Monument von Paris.

Abb. 9. Blick von der Aussichtsterrasse des Triumphbogens im Jahr 1840. Man sieht, dass die Avenue damals nur spärlich bebaut war. Vorn links und rechts stehen die Zollhäuser von Ledoux. Sie wurden 1860 abgerissen.

Louis-Philippe I. beschloss, den Obelisken in der Mitte der Place de la Concorde zu errichten, wo zuvor ein Denkmal zu Ehren Ludwigs XVI. stand, den man an jener Stelle während der Französischen Revolution enthauptet hatte. Die Königsstatue war aber während der Julirevolution 1830 zerstört worden. Indem Louis-Philippe I. statt eines Denkmals aus der französischen Geschichte ein ägyptisches Monument für diesen Ort bestimmte, stellte er sicher, dass dieser wichtige Platz weder von Republikanern noch Monarchisten vereinnahmt werden konnte.

DER TRAUERZUG FÜR DIE STERBLICHEN ÜBERRESTE NAPOLEONS

1840 erlebte die Avenue eines der bewegendsten Schauspiele ihrer Geschichte. Auf Initiative von Louis-Philippe I. und Adolphe Thiers waren 19 Jahre nach Napoleons Tod dessen sterbliche Überreste von der Insel St. Helena nach Paris überführt worden, um sie im Hôtel des Invalides zu bestatten. Am 15. Dezember empfingen auf den Champs-Élysées Hunderttausende Menschen bei beißender Kälte von minus zehn Grad den Trauerzug mit dem riesigen Katafalk, der die Nacht zuvor unter dem Triumphbogen aufgebahrt worden war. Einer der Zeugen dieses Schauspiels war Heinrich Heine. Er war 13 Jahre alt, als er Napoleon in Düsseldorf einziehen sah, jetzt mit 43 Jahren kam der deutsche Dichter als Bewohner der Stadt Paris dem ehemaligen Kaiser noch einmal nah, als dessen Sarkophag auf einem hohen Wagen die Champs-Élysées hinuntergezogen wurde. In seinem Werk *Lutetia* hat Heine der Nachwelt eine eindringliche Beschreibung des Ereignisses hinterlassen.

»Es war eine ganz neue Generation, die dem Leichenbegängnisse zuschaute, und wenn nicht mit brennendem Zorn, doch gewiss

Abb. 10. Am 15. Dezember 1840 wurden mit großem Pomp die sterblichen Überreste Napoleons via Champs-Élysées zum Invalidendom gebracht.

mit der Wehmut der Pietät sah sie auf diesen goldenen Katafalk, worin gleichsam alle Freuden, Leiden, glorreiche Irrtümer und gebrochene Hoffnungen ihrer Väter, die eigentliche Seele ihrer Väter, eingesargt lag! Da gab's mehr stumme Tränen als lautes Geschrei. Und dann war die ganze Erscheinung so fabelhaft, so märchenartig, dass man kaum seinen Augen traute, dass man zu träumen glaubte. Denn dieser Napoleon Bonaparte, den man begraben sah, war für das heutige Geschlecht schon längst dahingeschwunden in das Reich der Sage, zu den Schatten Alexanders von Mazedonien und Karls des Großen, und jetzt, siehe! eines kalten Wintertags erscheint er mitten unter uns Lebenden, auf einem goldenen Siegeswagen, der geisterhaft dahinrollt in den weißen Morgennebeln. Diese Nebel aber zerrannen wunderbar, sobald der Leichenzug in den Champs-Élysées anlangte. Hier brach die Sonne plötzlich aus dem trüben

Abb. 11. Ausflügler auf den Champs-Élysées im Jahr 1842. Links am Bildrand erkennt man die Kuppel des Invalidendoms.

Gewölk und küsste zum letzten Mal ihren Liebling und streute rosige Lichter auf die imperialen Adler, die ihm vorangetragen wurden, und wie mit sanftem Mitleid bestrahlte sie die armen, spärlichen Überreste jener Legionen, die einst im Sturmschritt die Welt erobert und jetzt, mit verschollenen Uniformen, matten Gliedern und veralteten Manieren, hinter dem Leichenwagen als Leidtragende einherschwankten. [...] Der Kaiser ist tot. Mit ihm starb der letzte Held nach altem Geschmack, und die neue Philisterwelt atmet auf, wie erlöst von einem glänzenden Alp. Über seinem Grabe erhebt sich eine industrielle Bürgerzeit, die ganz andre Heroen bewundert, etwa den tugendhaften Lafayette oder James Watt, den Baumwollespinner.«

Vier Jahre später, zum Nationalfeiertag am 14. Juli 1844, erstrahlten die Champs-Élysées dank der neuen Gasbeleuchtung erstmals im Lichterglanz – von der Place de la Concorde bis zum Triumphbogen. Paris war jetzt tatsächlich die »Stadt des Lichts«. Und auf der Avenue begann der Zuzug von wohlhabenden Bewohnern, alten und vor allem neuen Reichen, die in den nächsten Jahren ihre Vermögen in den Bau von prächtigen Palais steckten. Literarisch spiegelte sich diese Entwicklung in Alexandre Dumas' Werk *Der Graf von Monte Christo*, das von 1844 bis 1846 als Fortsetzungsroman in der Zeitschrift *Le Journal des débats* erschien. Darin verortete Dumas den Pariser Wohnsitz des reichen Helden Edmond Dantès auf den Champs-Élysées: »Das von Ali gewählte Haus, das als Stadtresidenz Monte Christos gedacht war, lag rechts, wenn man die Champs-Élysées hinaufgeht, zwischen Hof und Garten. Eine sehr dichte Baumgruppe mitten im Vorhof verdeckte einen Teil der Fassade. Diese Baumgruppe umgaben, zwei Armen gleich, zwei Alleen, die, rechts und links auslaufend, vom Gitter her die Wagen zu einer doppelten Freitreppe führten, auf der jede Stufe eine blumengefüllte Porzellanvase trug. Dieses auf einer weiten Fläche freistehende Haus hatte außer einem Haupteingang noch einen anderen Eingang, der zur Rue de Ponthieu führte.«

Anfang 1848 kam es in ganz Frankreich zu Unruhen und Protesten gegen das Zensuswahlrecht und soziale Ungleichheit. Der Auslöser war, dass König Louis-Philippe I. Demonstrationen für eine Wahlrechtsreform verbieten wollte. Eine solche sollte am 22. Februar in Form eines Banketts auf den Champs-Élysées stattfinden, wurde aber vom König abgesagt. Daraufhin gingen Arbeiter und Bürger gemeinsam auf die Straße. Die Revolution stürzte Louis-Philippe I. Diese Chance nutzte der im Exil lebende Louis Napoleon, ein Neffe Napoleons I., für die Rückkehr nach Paris. Im Dezember gewann er die Präsidentschaftswahl.

Drei Jahre später putschte Louis Napoleon, gestützt auf das Militär, und ließ sich in einer Volksabstimmung qua Verfassung mit diktatorischen Vollmachten ausstatten – er erhielt mehr als 90 Prozent Zustimmung. Aber er wollte mehr. Nur ein Jahr später setzte er ein Plebiszit zur »Wiederherstellung des Kaisertums« an, das er erneut mit überwältigender Mehrheit gewann. Am 2. Dezember 1852 wurde er zum Kaiser Napoleon III. gekrönt und defilierte mit seinen Truppen auf den Champs-Élysées. Das Zweite Kaiserreich begann.

Abb. 12. Das 1899 erbaute »Élysée Palace« war das erste Grandhotel auf den Champs-Élysées und ein Mittelpunkt des mondänen Lebens.

II. KAPITEL: 1852 bis 1918
PRACHTSTRASSE DER BELLE ÉPOQUE

Kaiser Napoleon III. kündigte große Pläne für die Umgestaltung von Paris an. In seinem Exil in London hatte er eine Metropole auf der Höhe der Zeit erlebt, und entsprechend sollte auch die französische Hauptstadt umgebaut werden. Ihr Zentrum hatte Mitte des 19. Jahrhunderts immer noch eine verwinkelt-mittelalterliche Struktur. Napoleon III. wünschte sich mehr Parks, eine moderne Kanalisation und den Ausbau der Gasbeleuchtung. Vor allem aber sollten neue, breite Straßenschneisen durch die bestehende Stadt geschlagen werden, damit die Bürger mehr Licht und Luft bekommen und der Verkehr besser fließt – besonders zwischen den Kopfbahnhöfen, die Jahre zuvor rings um die Innenstadt entstanden waren. Mit dieser Mammutaufgabe beauftragte der Kaiser im Juni 1853 Georges-Eugène Haussmann, der sich bei der Modernisierung von Bordeaux als effizienter Planer bewährt hatte. Bis zu dessen Entlassung 1870 wurden im Zentrum von Paris für die Durchbrüche rund 20 000 Häuser abgerissen und mehr als 44 000 neu gebaut.

Die Avenue des Champs-Élysées musste nicht neu durchgebrochen oder verbreitert werden. Mit ihrer Weite von 70 Metern genügte die damals schon fast 200 Jahre alte Straße auch den neuen imperialen Ansprüchen. Eine wichtige Seitenstraße aber ließ Haussmann auf der Südseite der Champs-Élysées auf Höhe der Hausnummer 99 anlegen: die 40 Meter breite heutige Avenue George V., die bis hinunter zur Place de l'Alma an der Seine führt (die Straße hieß bis 1918 Avenue de l'Alma). Auch einige andere Seitenstraßen der Champs-Élysées wie die Rue Pierre-Charron oder die Rue de Marignan entstanden unter Haussmanns Ägide.

Abb. 13. Zur ersten Weltausstellung in Paris 1855 entstand am Beginn der Champs-Élysées der Palais de l'Industrie (1897 riss man ihn ab).

Zunächst aber verlangte die geplante Weltausstellung in Paris, die im Mai 1855 eröffnet werden sollte, den Einsatz aller Kräfte. Denn es war die erste ihrer Art in Frankreich. Die Vorbereitungen erwiesen sich als schwierig. Es zeichnete sich ab, dass der Ausstellungspalast, der Palais de l'Industrie, der am Beginn der Champs-Élysées entstand, mit seinen 45 000 Quadratmetern Ausstellungsfläche zu klein war – trotz seiner stolzen Ausmaße von 260 Metern Länge und 100 Metern Breite. Die nationale Ehre stand auf dem Spiel. Eine kaiserliche Kommission beschloss eine Erweiterung durch zusätzliche Gebäude, aber auch mit ihnen kam man nur auf 87 000 Quadratmeter. Die größte Beleidigung war, dass eine Delegation aus London bei einem Besuch in Paris erklärte, England allein könne

diese Flächen bespielen. Die Zahl der Industriellen, die an der Weltausstellung teilnehmen wollten, übertraf im August 1854 alle Erwar-
tungen. Deshalb errichtete man weitere Nebengebäude, selbst der
Raum zwischen ihnen wurde mit Zäunen eingehegt und überdacht,
um weiteren Platz zu schaffen. Am Ende kam man auf 117 000 Quadratmeter.

Zwei Wochen vor der Eröffnung wäre Napoleon III. beinahe einem Attentat zum Opfer gefallen. Am 28. April 1855 gegen 17 Uhr,
als er mit seinen Beratern die Champs-Élysées hinunterritt, feuerte
der italienische Patriot Giovanni Pianori zwei Pistolenschüsse ab,
die den Kaiser aber beide verfehlten (man wird den Attentäter vor
Gericht stellen und zehn Jahre später guillotinieren). Napoleon III.
konnte am 15. Mai die Weltausstellung eröffnen. Wie sich bald zeigte, war der größte Mangel des Palais de l'Industrie die schlechte
Belüftung. Obwohl es dadurch innen extrem heiß werden konnte,

diente das Gebäude noch ein halbes Jahrhundert lang als Schauplatz zahlreicher Ausstellungen und gesellschaftlicher Veranstaltungen. 1897 riss man es ab, um dort das Grand Palais und das Petit Palais für die Weltausstellung des Jahres 1900 zu errichten.

JACQUES OFFENBACH, DER »MOZART DER CHAMPS-ÉLYSÉES«

Während der Weltausstellung 1855 gelang dem deutschen Komponisten Jacques Offenbach an den Champs-Élysées der Durchbruch. 1819 in Köln als Sohn eines fahrenden jüdischen Musikers geboren, der später Kantor der Kölner Synagoge war, lernte der Junge in Kneipen und Tanzhäusern die Musik der jüdischen Spielleute kennen. Der Vater erkannte das Talent und schickte ihn 1833 nach Paris. Jacques wurde Cellist an der Opéra-Comique, studierte Komposition bei Fromental Halévy und galt bald als außergewöhnlicher Virtuose auf seinem Instrument. Im Juli 1855 gründete Offenbach sein eigenes Ensemble in einem runden Holztheater an den Champs-Élysées, direkt gegenüber dem Palais de l'Industrie. Er nannte es *Bouffes-Parisiens* und debütierte mit nicht weniger als vier Einaktern an einem Abend. Der Erfolg war enorm. Über Nacht wurde Offenbach zum König der Opéra-bouffe, zum »Mozart der Champs-Élysées«, wie ihn Gioachino Rossini nannte. Bis zum Ende des Jahres folgten sieben weitere Werke. Die Handlung persiflierte oft den kaiserlichen Hof Napoleons III. und das saturierte Bürgertum. Offenbachs berühmtestes Werk feierte 1858 Uraufführung: *Orpheus in der Unterwelt* mit dem berühmten Cancan.

Ein weiteres Projekt im Zusammenhang mit der Weltausstellung war der Ausbau der Place de l'Étoile mit dem Triumphbogen in der Mitte zu einem Schmuckplatz. Damals trafen sich dort sieben Stra-

Abb. 14. In den 1850er Jahren erhielt die Place de l'Étoile ihre heutige Gestalt mit zwölf sternförmigen Straßen und einer einheitlichen Randbebauung.

ßen. Bis 1857 kamen fünf weitere Trassen hinzu, und alle zwölf Straßen wurden so arrangiert, dass sie in regelmäßigem Abstand auf den Triumphbogen zuliefen. Jakob Ignaz Hittorff entwarf an den Schnittpunkten der Straßen mit dem Platz zwölf symmetrische, 16 Meter hohe Stadtpalais mit identischen Fassaden. Die Hauseingänge wurden auf die rückwärtige Seite gelegt, damit kein Publikumsverkehr das ruhige Platzbild stört. So entstand eine der homogensten und großartigsten Platzanlagen in Europa. Aber Haussmann fand die Häuser seines Rivalen Hittorff zu klein und nicht repräsentativ genug für den riesigen Platz, weshalb er vor ihnen Bäume anpflanzen ließ.

Zu dieser Zeit zog Heinrich Heine, der seit 1831 in Paris lebte, ein letztes Mal um: in eine Wohnung in der Rue Matignon 3 (heute

Avenue Matignon), direkt am Rond-Point des Champs-Élysées. Das Appartement hatte einen kleinen Balkon vor jedem seiner französischen Fenster, von dort aus konnte der seit Jahren gelähmte Heine etwas am bunten Treiben auf der Straße teilhaben und in den Park um das Marigny-Theater schauen. »Meine neue Wohnung ist wunderschön«, schreibt er in einem Brief, »und lebe ich nur noch ein einziges Jährchen, so entschädigt sie mich reichlich für die Opfer, die ich gebracht durch das zweimalige Umziehen [...] alle Fremden, welche hierherkommen, bewundern die schöne Aussicht und die gute Luft, die wir genießen, sodass wir im glänzendsten Mittelpunkt von Paris uns befinden und doch wie auf dem Lande zu sein scheinen.« Hier verliebt sich der 57-Jährige noch einmal in eine junge Verehrerin, Elise Krinitz, die er seine »liebliche mouche« (Fliege) nennt. Er schreibt ihr Gedichte und leidet darunter, »nur noch ein Geist« zu sein, »ein Toter, lechzend nach den lebendigsten Lebensgenüssen«: »Worte! Worte! keine Taten! [...] Immer Geist und keinen Braten.«

An der Stelle von Heines Wohnhaus steht heute ein moderner Neubau mit neobarocken Balkons. Über dem Haupteingang wurde eine kleine Gedenktafel angebracht mit der Inschrift: »Le poète Henri Heine, né à Dusseldorf en 1797, est mort ici le 17. 2. 1856.« Er ist auf dem Friedhof Montmartre begraben, wie er es in seinem Testament verfügt hatte: »... denn unter der Bevölkerung des Faubourg Montmartre habe ich mein liebstes Leben gelebt.«

Aus der Zeit der ersten Bebauung der Champs-Élysées mit zwei- bis dreigeschossigen Stadtpalais in der Mitte des 19. Jahrhunderts haben nur drei Häuser überlebt. Das älteste, das Hôtel le Hon von 1845 mit der Hausnummer 9 zu Beginn der Avenue, ist nur in veränderter Form erhalten. Ende der 1960er Jahre vergrößerte es der Flugzeugbauer Marcel Dassault um mehr als das Doppelte, wobei man für den Neubau einfach die Fassaden des historischen Hôtel le Hon kopierte. Von den Champs-Élysées aus betrachtet, stammen nur die ersten sieben Gebäudeachsen auf der linken Seite vom Ursprungsbau.

Fast unverändert erhalten ist das Palais mit der Hausnummer 124 aus dem Jahr 1858 mitsamt der Hofzufahrt in der Rue de Balzac und dem rückwärtigen Backsteinflügel, in dem das Personal wohnte. Von den historischen Interieurs hat nur die Haupttreppe überlebt. An den ersten Besitzer, Santiago Drake del Castillo, erinnern bis heute die Initialen über dem Rundbogenfenster in der Hauptfassade. Die Familie war englischer Herkunft und reich geworden durch Zuckerrohrdestillation in Kuba. Santiago ließ sich Anfang der 1830er Jahre in Paris nieder. Er kaufte 1853 in Indre-et-Loire das Schloss Candé, das er zu einem Weingut ausbaute. Gesundheitliche Beschwerden, der Tod seiner Frau und die Besetzung von Candé durch preußische Truppen während des Deutsch-Französischen Krieges 1870 versetzten ihm einen schweren Schlag. Er starb im Oktober 1871. Später bezog die Kautschuk-Firma *Hutchinson* das Gebäude, die dort bis heute ihren Sitz hat.

EINE EHEMALIGE KURTISANE BAUT SICH IHR TRAUM-PALAIS

Ungleich prächtiger und auch im Inneren komplett erhalten ist das Hôtel de la Païva mit der Hausnummer 25 am Beginn der Champs-Élysées. Das verschwenderisch ausgestattete Gebäude im Stil der Neorenaissance war 1865 nach zehnjähriger Bauzeit fertig geworden. Bauherrin war Esther Lachmann, besser bekannt als »La Païva«, eine der schillerndsten Persönlichkeiten von Paris.

Sie kam 1819 in Moskau zur Welt als Tochter des armen, aus Polen stammenden jüdischen Webers Martin Lachmann und seiner

Frau Anna Amalie Klein. Im Alter von 16 Jahren heiratete Esther den französischen Schneider François Villoing, mit dem sie ein Kind hatte. Schon ein Jahr nach der Hochzeit ließ sie Mann und Kind in Moskau zurück und brach in Begleitung eines Liebhabers nach Paris auf, in die Stadt ihrer Träume, wo sie als Kurtisane Karriere machte. Nach einer Beziehung mit Henri Herz, durch den sie Zugang zu Künstlerkreisen erhielt, heiratete sie den portugiesischen Marquis de Païva und nach der Annulierung dieser Ehe 1871 den preußischen Grafen Guido Henckel von Donnersmarck, einen Multimillionär und Cousin Bismarcks, dessen Reichtum es ihr erlaubte, ihren Traum von einem Hôtel particulier auf den Champs-Élysées zu finanzieren. Es geht die Erzählung, dass sie in ihren ersten Pariser Jahren von einem eiligen Kunden aus dem Auto gestoßen worden war und sich dabei verletzt hatte. Daraufhin soll sie sich geschworen haben, das schönste Haus von Paris gegenüber der Stelle zu bauen, an der sie so unrühmlich gestürzt war.

Weil die Gräfin aufgrund ihres zweifelhaften Rufs kaum Zugang zu den aristokratischen Salons hatte, machte sie sich selbst zur Gastgeberin legendärer Feste, zu denen fast nur Männer kamen – denn die Frauen der guten Gesellschaft gingen nicht zu einer ehemaligen Kurtisane. Stammgäste waren u. a. die Schriftsteller-Brüder Edmond und Jules de Goncourt, der Politiker Leon Gambetta, der Historiker Ernest Renan, der Philosoph Hippolyte Taine, der Schriftsteller Théophile Gautier oder der Verleger Émile de Girardin.

Das Hôtel de la Païva ist berühmt insbesondere für seine Treppe aus gelbem Onyx. Dieses seltene Material, das man als Marmor »Onyx d'Algérie« bezeichnete, stammte aus einem römischen Steinbruch, der 1849 in der Nähe von Oran von einem Marmorhändler aus Carrara wiederentdeckt worden war. Das Haus besitzt ein maurisches Badezimmer mit einer Wanne aus weißem Onyx und mit vergoldeten Bronzearmaturen. Aus drei Hähnen flossen neben Was-

Abb. 15. Das Hôtel de la Païva ist eines der ältesten erhaltenen Stadtpalais auf den Champs-Élysées. Bauherrin war eine ehemalige Kurtisane.

Abb. 16. Der große Salon im Hôtel de la Païva. Die luxuriösen Interieurs
stammen teils von Künstlern, die auch die Opéra Garnier ausstatteten.

Abb. 17. An der Straßenecke mit dem Restaurant »Fouquet's« stehen typische Häuser aus der Zeit des Stadtplaners Haussmann.

ser auch exotische Flüssigkeiten – die Marquise soll hier in Milch, Lindenblüten oder Champagner gebadet haben. Die Hausherrin diente als Modell für mehrere Skulpturen im Haus und für das Deckengemälde »Der Tag jagt die Nacht«, auf dem sie mit einem Sternenumhang dargestellt ist.

1868 ließ sie in Schlesien von dem Pariser Baumeister Hector Lefuel das Anwesen Schloss Neudeck errichten, das in Architektur und Innenausstattung ihrem Pariser Hôtel ähnelte, jedoch in seinen Ausmaßen weitaus größer war (das Schloss wurde 1945 niedergebrannt und später abgerissen). Weil man sie der Spionage verdächtigte, wurden sie und ihr Mann 1877 ausgewiesen. Sie zog sich in das gerade fertiggestellte Schloss Neudeck zurück, in das sie einen Teil des Mobiliars überführen ließ. Sie starb dort im Alter von

65 Jahren. Der verwitwete Graf Henckel von Donnersmarck verkaufte das Stadtpalais an den Champs-Élysées 1893 an den Berliner Bankier James Soloschin. Der ehemalige Koch des Zaren, Pierre Cubat, richtete dort ein berühmtes Restaurant ein, in dem sich die gehobene Gesellschaft traf. Seit 1903 residiert im Hôtel de la Païva der *Travellers Club*, ein exklusiver Zirkel von Geschäftsleuten.

Unter der Ägide von Georges-Eugène Haussmann entstanden an den Champs-Élysées nicht nur Stadtpalais, sondern auch fünf- und sechsgeschossige Miethäuser für ein wohlhabendes Publikum. Haussmann erließ 1859 neue Bauvorschriften, mit denen er die maximale Gebäudehöhe auf 20 Meter anhob. Seine Verwaltung sorgte dafür, dass jeder Neubau einem Muster folgte, das nur kleine Abweichungen erlaubte: flach profilierte Sandstein-Fassaden ohne Vorsprünge, schmale Balkons meist im zweiten Stockwerk und ein durchlaufender Austritt im obersten Stockwerk, jeweils mit gusseisernen Gittern davor. Diese Regeln führten zu jener Homogenität, die bis heute den Charakter vieler Boulevards und Straßen von Paris ausmacht. Auf den Champs-Élysées lässt sich der Haussmann-Stil am besten an der Ecke mit dem Restaurant *Fouquet's* betrachten, wo vier zusammenhängende Häuser erhalten sind, die der Bauunternehmer Joseph Thome 1861 errichtete, ein ehemaliger Maurer, der es in jener Zeit der Immobilien-Spekulationen zu ungeheurem Reichtum gebracht hatte.

Haussmann war auch an einer Neugestaltung der Gärten am Beginn der Champs-Élysées gelegen. Er beauftragte den Stadtplaner und Gartengestalter Jean-Charles Alphand, die eintönigen und sandigen Alleen dort in einen echten Garten nach englischem Vorbild zu verwandeln. Es entstanden hügelige Rasenflächen, geschmückt durch Beete mit seltenen Bäumen und Sträuchern, darunter ein prächtiger amerikanischer Walnussbaum. Hinzu kamen Springbrunnen, Konzertcafés, Restaurants und Schaukeln für die Kinder.

Abb. 18. Teile der einst kargen Gärten an den Champs-Élysées wurden im englischen Stil neu gestaltet. Gemälde von Pierre-Auguste Renoir (1867).

Auguste Renoir hat die neuen Anlagen 1867 in einem Gemälde verewigt. In diesen Gärten wird zwei Jahrzehnte später der junge Marcel Proust spielen und sich verlieben.

Am Ende des Deutsch-Französischen Krieges, nach vier Monaten Belagerung von Paris und der Ausrufung Wilhelms I. zum deutschen Kaiser am 18. Januar 1871 im Spiegelsaal von Versailles, erlebte die Stadt den demütigenden Anblick feindlicher Truppen: Am 1. März paradierten die deutschen Armeen auf den Champs-Élysées, als Hauptquartier diente der Élysée-Palast. Da die französische Nationalversammlung die Bedingungen des Versailler Friedens rasch akzeptierte, endete die Besetzung früher als erwartet. Am Morgen des 3. März verließen die deutschen Truppen Paris und marschierten dabei erneut durch den Triumphbogen. Zwei Wochen später forderten die Revolutionäre der Pariser Kommune die französische Regierung heraus – sie wollten die Hauptstadt nach sozialistischen Vorstellungen verwalten. Bei den heftigen Kämpfen richteten die Kommunarden immense Schäden an: Brände verwüsteten unter anderem den Tuilerien-Flügel des Louvre, das Palais Royal, das Pariser Rathaus und mehrere Theater, auch wurde die Siegessäule auf der Place Vendôme zerstört. Die Champs-Élysées aber blieben verschont.

DER »BAEDECKER« WARNT VOR TASCHENDIEBEN

Wie das Treiben in den Gärten der Champs-Élysées Mitte der 1870er Jahre aussah, davon gibt der *Baedecker* von 1876 einen guten Eindruck: »Die Pariser Elyseischen Felder erinnern an den belebtesten Theil des Wiener Praters, hier wie dort Schaubuden, Ringelspiele, Gaukler, Puppenspieler, Cafés und Restaurants, Kuchenbuden und dergl., dazu als Pariser Eigenthümlichkeiten die Cafés-chantants,

Abb. 19. Parade der deutschen Armeen auf den Champs-Élysées 1871 nach ihrem Sieg im Deutsch-Französischen Krieg.

Somnambülen-Unfug, Hundetänze, Scheibenschießen, Gewicht- und Kraftmesser u.s.w., die aber erst gegen Abend ihr lautes Wesen beginnen und bei dem hellen Schein des Gaslichts bis gegen Mitternacht fortsetzen. Das Treiben unter den Bäumen ist dann sehr lebendig und liefert einen wesentlichen Beitrag zur Kenntnis des Pariser Lebens in den verschiedenen Volksschichten. Nur ist ganz wohlgethan, die Taschen sorgfältig zu hüten, namentlich in den hinteren Rocktaschen selbst nicht das Taschentuch stecken zu lassen.«

Unweit der Avenue wohnte die Familie Proust mit ihrem Sprössling Marcel. Zwischen 1882 und 1886 spielte der Teenager nach seinem Schultag im *Lycée Condorcet* in den Gärten der Champs-Élysées, wo auch die beiden Töchter von Felix Faure, dem zukünftigen Präsidenten Frankreichs, viel Zeit verbrachten. Dort traf der 15-jährige Marcel die 12-jährige Marie de Benardaky, Tochter eines Staatsbeamten und einer Sängerin aus Russland, und verliebte sich in sie. Er sollte sie später als »Rausch und Verzweiflung« seiner Kindheit bezeichnen, da er dem Mädchen seine Leidenschaft nicht erklärte und sie aus den Augen verlor. Sie wurde das Vorbild für die Figur der Gilberte Swann in seinem Roman *Auf der Suche nach der verlorenen Zeit*, den er zwischen 1913 und 1927 schrieb. Im Jahr 1969 benannte die Stadt Paris eine Allee in den Gärten der Champs-Élysées nach Marcel Proust.

Im Frühjahr 1885 fand auf den Champs-Élysées das größte Staatsbegräbnis seit Napoleons Trauerzug statt. Am 22. Mai war der Nationaldichter Victor Hugo im Alter von 83 Jahren gestorben, Autor berühmter Romane wie *Der Glöckner von Notre Dame* oder *Les Misérables*. In seinem Testament hatte er festgelegt: »Ich gebe den Armen fünfzigtausend Francs. Ich wünsche, in ihrem Leichenwagen zum Friedhof getragen zu werden. Ich lehne die Oration aller Kirchen ab. Ich bitte alle Seelen um ein Gebet. Ich glaube an Gott.« Das französische Abgeordnetenhaus stimmte mit großer Mehrheit für den Vorschlag, Hugo mit einem Staatsbegräbnis zu ehren. Der Sarg wurde eine Nacht lang schwarz verhüllt unter dem Triumphbogen aufgebahrt. Am nächsten Tag, dem 1. Juni 1885, begann die Zeremonie mit dem Abfeuern von 21 Kanonensalven am Hôtel des Invalides. Zwei Millionen Menschen waren gekommen (bei einer Stadtbevölkerung von vier Millionen), um den vorbeiziehenden Sarg zu sehen. Die Prozession führte die Champs-Élysées hinunter, passierte die Place de la Concorde, überquerte die Seine und verlief über den Boulevard Saint Germain bis zum Pantheon, wo man Hugo zur letzten Ruhe bettete.

Um die Jahrhundertwende setzten prächtige Häuser an der Avenue neue Maßstäbe. Erstmals bebaute man einen ganzen Abschnitt zwischen zwei Seitenstraßen mit einem einzigen Gebäude, und dieses war zugleich das erste Grandhotel auf den Champs-Élysées:

Abb. 20. Großer Staatsakt: Im Mai 1885 wurde der verstorbene Schriftsteller Victor Hugo unter dem Triumphbogen aufgebahrt.

das *Élysée Palace* mit seiner 72 Meter langen Fassade in einer Stilmischung aus Neobarock und Jugendstil, geplant als erste Adresse für die Besucher der Weltausstellung von 1900. Die Eröffnung im Mai 1899 war ein gesellschaftliches Ereignis. Das Haus besaß 400 Zimmer und eine riesige Halle, die das Leben auf der Avenue ins Innere des Hotels lockte. Die Gäste konnten zahlreiche Annehmlichkeiten genießen: Fahrstühle, ein Fotostudio, eine Theateragentur, Luxusboutiquen und eine Gemäldegalerie. Im April 1911 sollte dort der schwer am Herzen erkrankte österreichische Komponist und Dirigent Gustav Mahler auf dem Rückweg von New York übernachten, bevor er sich in eine Klinik in Neuilly-sur-Seine begab und dann nach Wien abreiste, wo er wenig später starb.

Das nächste Grand Hotel auf den Champs-Élysées eröffnete 1904 in unmittelbarer Nähe des Triumphbogens: Es war der Neubau des *Astoria* mit seinen – von den Bauvorschriften eigentlich nicht erlaubten – mächtigen Kuppeln über den abgerundeten Ecken. 1914 soll der deutsche Kaiser Wilhelm II. in Erwartung eines Sieges im Ersten Weltkrieg dort eine Suite mit Balkon zu den Champs-Élysées reserviert haben, weil er von dort das Defilée seiner Truppen verfolgen wollte. Aber die kamen nur bis zur Marne. 1915 verwandelte das japanische Rote Kreuz das *Astoria* in ein Krankenhaus. 1957 zog die Werbeagentur *Publicis* ein und eröffnete ein Jahr später den legendären *Drugstore* (s. S. 101). Das Gebäude ging 1972 in Flammen auf, wurde abgerissen und drei Jahre später durch den ersten vollverglasten Neubau auf den Champs-Élysées ersetzt – den der Architekt Michele Saee 2004 mit einem asymmetrischen Dekor aus Metall und Glas überzog (Abb. S. 134).

Das Gebäude des dritten Grand Hotels an der Avenue ist erhalten: das *Claridge* von 1912 auf der Nordseite der Avenue. Schon kurz nach seiner Eröffnung belegte das Kriegsministerium die Räumlichkeiten, um dort ein Lazarett des Roten Kreuzes einzurichten. Erst 1920 öffnete es wieder für das Publikum, das besonders die Tanztees schätzte und den Pool mit aufwändigen Mosaiken. 1977 musste das Hotel wegen der Verfünffachung der Miete schließen, das Mobiliar kam zur Versteigerung. Aber heute kann man im *Claridge* wieder übernachten: in den Appartements der Hotelkette *Fraser Suites*.

DIE ERSTE METRO-LINIE VON PARIS

Inzwischen hatten die Champs-Élysées eine Verkehrswende erlebt: Zur Weltausstellung 1900 eröffnete die erste Metro-Linie von Paris. International war die französische Hauptstadt eher Nachzügler – in

Abb. 21. Die erste U-Bahn-Linie von Paris verlief unter den Champs-Élysées.
Sie ging zur Weltausstellung 1900 in Betrieb.

London war schon 1863 die erste U-Bahn in Betrieb gegangen, in
Budapest 1896. Aber in Paris war man schnell: Die Bauarbeiten für
die Strecke von der Porte Maillot im Westen bis zur Porte de Vincennes im Osten dauerten nur 20 Monate. Dem Projekt war eine lange
Debatte vorausgegangen, ob Paris überhaupt auf dieses neue Verkehrsmittel setzen sollte. Teile der Stadtverwaltung befürchteten,
die »Métropolitain« könnte das Leben auf den Boulevards veröden.
Ein Kritiker sprach von der »Nécropolitain« angesichts der Gefahren,
in die sich die Passagiere begeben würden, wenn sie in die Tiefe
hinabsteigen: schlechte Luft, Dunkelheit, Gesindel. Alternativ erwog
man ein System von Hochbahnen auf Stelzen entlang der großen
Boulevards, weil dieses schneller und billiger zu bauen sei. Eine
solche Linie hätte aber u. a. die Sicht auf das berühmte Opernhaus
von Charles Garnier versperrt – was der Bahningenieur Jean Chré-

tien mit den Worten verteidigte, ein derartiges Transportsystem sei für Paris in jeder Hinsicht nützlicher als das Opernhaus.

Für die Gestaltung der Zugänge zu den U-Bahn-Stationen lobte die *Compagnie du Métropolitain* eigens einen Wettbewerb aus. Doch die Ergebnisse waren den Verantwortlichen nicht originell genug. Ihr Präsident Adrien Bénard, ein Bewunderer des Art nouveau, schlug daraufhin Hector Guimard vor, der sich nicht am Wettbewerb beteiligt hatte. Er beauftragte ihn, Formen zu entwickeln, die nicht den Abstieg in eine industrielle Hölle suggerieren, sondern einladend wirken und an Pflanzen erinnern. So entwarf Guimard seine berühmten Zugänge als Pavillons aus Schmiedeeisen, das wie Rankenwerk aussah, und Glas wie Libellenflügel.

Die Eröffnung der Metro sollte ohne große Ankündigung und ohne Zeremonie stattfinden, damit das neue Verkehrsmittel nicht gleich am Anfang wegen Überfüllung Schlagzeilen machte. Deshalb wählte man einen Termin nach dem Nationalfeiertag. Die Vorsicht war begründet, denn wie sich zeigte, war das Interesse der Bürger groß. Das neue Transportmittel wurde schnell angenommen, nicht zuletzt, weil es unter der Erde angenehm kühl war: Im Juli 1900 herrschten in Paris Temperaturen von bis zu 38 Grad. Die Pavillons von Guimard allerdings hatten nicht sehr lange Bestand. Schon 1926 riss man seinen Metro-Eingang »Étoile« wieder ab. Auch an den anderen vier Stationen entlang der Champs-Élysées verschwanden die Guimard-Zugänge. Die Stationen heißen heute: Concorde, Champs-Élysées-Clemenceau, Franklin D. Roosevelt, George V. sowie Charles de Gaulle-Étoile.

Aber nicht nur die Metro begann damals ihren Siegeszug, auch das Automobil. Anfangs nur ein Luxusgut für eine kleine Klientel, fand es zunehmend Verbreitung und ersetzte mehr und mehr die Pferdefuhrwerke. Der Automobilclub von Frankreich bezog Räumlichkeiten an der Place de la Concorde und organisierte Wettrennen.

Der erste *Salon de l'Automobile* fand 1898 in den Tuilerien statt, damals schon mit einem Stand von *Mercedes-Benz*. Drei Jahre später zog die Leistungsschau in das Grand Palais um. Auf den Champs-Élysées eröffnete 1905 der Mercedes Palace, 1908 folgten Renault und Peugeot, ein Jahr später zählte man dort 22 Automobil-Geschäfte. Um das Risiko von Kollisionen auf der Avenue zu verringern, galt die Vorschrift, dass sich Pferdefuhrwerke auf die Fahrbahnränder beschränken sollten, während die Mitte den Automobilen vorbehalten war. Neben dem Defilee der neuesten Luxuskarossen konnten die Passanten auch die ersten Luftschiffe über den Champs-Élysées bewundern. 1903 sorgte der brasilianische Flugpionier Santos Dumont für Aufsehen, als er mit seinem Luftschiff Nr. 9 »La Baladeuse« auf der Avenue landete, es an einem Baum festband, ein Café besuchte und dann weiterflog. An seinem ehemaligen Wohnhaus Champs-Élysées Nr. 114 erinnert eine Gedenktafel an ihn.

Das Tempo der Modernisierung rief auch Kritiker auf den Plan. Viele traditionsbewusste Pariser schätzten das vertraute Stadtbild und starteten Initiativen zu dessen Schutz. So entstand 1897 die *Commission du Vieux Paris*. Ein Stein des Anstoßes war der vom Stadtrat gebilligte Neubau des Theatre des Champs-Élysées in den Gärten an der Avenue. Eine Kampagne mobilisierte zahlreiche Vereine, darunter neben der *Commission du Vieux Paris* die *Chambre Syndicale des Propriétaires*, der *Touring Club de France*, die *Ligue pour la Défense des Espaces Libres*, die *Commission d'Hygiène* des 8. Arrondissements, die *Société Médicale de l'Élysée*. Die Gestaltung der Champs-Élysées empfand man als eine Frage von nationaler Bedeutung, und Premierminister Georges Clemenceau sprach sich gegen das Projekt aus. Im Juli 1909 wurde der Bauantrag abgewiesen. Das Theater wurde stattdessen zwischen 1911 und 1913 in der Avenue Montaigne Nr. 15 errichtet, wo es bis heute steht – 800 Meter entfernt von den Champs-Élysées. Es war der erste Streit dieser

Art, und von da an sollte dieses Ringen um Tradition und Erneuerung auf den Champs-Élysées immer wieder zu öffentlichen Debatten führen.

Trotz solcher Proteste veränderte die Avenue weiter ihr Erscheinungsbild. Das Jahr 1913 erlebte gleich mehrere Premieren. Die erste Neonröhre erstrahlte mit dem Schriftzug »Cinzano«. Das erste Kino auf den Champs-Élysées lockte das Publikum an, sein Name *Colisée* sollte an den einstigen Vergnügungspalast aus dem 18. Jahrhundert erinnern. Und *Guerlain* eröffnete ein Parfumgeschäft in einem Neubau mit einem prächtigen Erkerfenster über drei Etagen (das Geschäft hat sich bis heute kaum verändert). Zur Eröffnung brachte *Guerlain* das Parfum »Champs-Élysées« auf den Markt, dessen Kreation sich über zehn Jahre hingezogen hatte. Dem gläsernen Flakon von Baccarat gab man die Form einer Schildkröte, um die lange Verzögerung zu symbolisieren. 1914 folgte das Koffergeschäft *Louis Vuitton*, das bis dahin nur einen Laden in der Rue Scribe unterhalten hatte, dem Zug nach Westen: Georges Vuitton, der Sohn des Firmengründers, hatte einen Neubau in Auftrag gegeben. Aus seiner Begeisterung für Amerika nannte er das Haus »Vuitton Building«. Die entsprechende Inschrift zwischen dem ersten und zweiten Stock ist erhalten.

IM HOTEL ÉLYSÉE PALACE WIRD MATA HARI VERHAFTET

Der Erste Weltkrieg dauerte schon mehr als zweieinhalb Jahre, da endete am Morgen des 13. Februar 1917 im Hotel *Élysée Palace* an den Champs-Élysées eine der berühmtesten Spionage-Karrieren: Im Zimmer Nr. 113 wurde Mata Hari von einem gewissen Kommissar Priolet wegen des Verrats von Geheimnissen an die Deutschen

Abb. 22. Das Guerlain-Haus von 1912 ist fast unverändert erhalten. Aus Anlass der Eröffnung kam das Parfum »Champs-Élysées« auf den Markt.

festgenommen. Eine außergewöhnliche Frau stand den Gendarmen da vor Augen. Als Margaretha Gertruida Zelle in den Niederlanden geboren und in einfachen Verhältnissen aufgewachsen, hatte sie mit ihrem Mann, einem Kolonialoffizier, einige Jahre in Indonesien verbracht. Nach der Scheidung ging sie nach Paris, wo sie mit exotisch-erotischen Tänzen unter dem Künstlernamen Mata Hari (Auge der Morgenröte) erfolgreich war. Als jüngere Tänzerinnen sie verdrängt hatten und sie finanzielle Probleme bekam, beglich ein Offizier des deutschen Geheimdienstes ihre Schulden und Rechnungen, dafür horchte sie als gut bezahlte Agentin »H21« ihre hochrangigen französischen Bekannten aus.

Im Dezember 1915 meldete sie, »dass vorläufig, insbesondere jetzt, nicht an eine französische Offensive gedacht wird«. Die deutsche

Heeresleitung konnte in aller Ruhe ihren Überraschungsangriff auf Verdun vorbereiten. Die Franzosen schöpften Verdacht und sammelten Beweise, um Mata Hari verhaften zu können. Der Regierung in Paris kam ihr Fall gelegen. Nach mehreren militärischen Niederlagen war die Moral der französischen Armee am Boden. Da lag es nahe, die Misere auf das Treiben einer Meisterspionin zu reduzieren. Ein Kriegsgericht verurteilte Mata Hari wegen Hochverrats zum Tode. Über ihre Erschießung am 15. Oktober 1917 schrieb der Militärarzt Léon Bizard: »Während ein Offizier das Urteil verlas, stellte sich die Tänzerin, die eine Augenbinde recht großspurig verweigerte, an den Pfahl, einen Strick um die Taille, der nicht einmal geknotet wurde.« 1919 wurde das Hotel zum Sitz einer Bank, ab 2023 baute man es wieder zu einem Luxushotel um, dem ersten von *Louis Vuitton*.

Die Kämpfe des Ersten Weltkriegs endeten am 11. November 1918 mit dem Waffenstillstand von Compiègne. Im *Hotel de Crillon* an der Place de la Concorde trafen sich die Premierminister Georges Clemenceau, David Lloyd George, Vittorio Emanuele Orlando und US-Präsident Woodrow Wilson zu Beratungen, die im Frühjahr 1919 in der Pariser Friedenskonferenz mündeten. Im »Salon des Aigles« des *Crillon* wurde im Juni 1919 der Gründungspakt des Völkerbundes unterzeichnet, des Vorläufers der Vereinten Nationen.

Am 14. Juli 1919 fand auf den Champs-Élysées die Siegesparade zum Ende des Ersten Weltkriegs statt – es war die größte in der französischen Militärgeschichte. Fast zwei Millionen Personen säumten die Avenue und die Umgebung der Place de l'Étoile, um den Truppen die Ehre zu erweisen, der Toten zu gedenken und das siegreiche Frankreich zu feiern. Das Defilée der Alliierten eröffneten die Amerikaner mit General John Pershing, es folgten die Engländer unter Feldmarschall Douglas Haig, am Ende die Belgier, die Japaner, die Portugiesen, die Rumänen. Die Marschälle Joseph Joffre, Ferdinand Foch und Philippe Pétain paradierten zu Pferd. »Wer diesen Tag gesehen hat, hat gelebt«, notierte am Abend Georges Clemenceau.

Die Parade hatte noch ein Nachspiel. Es gab Unmut unter den Piloten der französischen Luftwaffe, weil sie beim Siegeszug nicht über die Champs-Élysées hatten fliegen dürfen, sondern in der Nacht davor zu Fuß marschieren mussten. Einer von ihnen, der Jagdflieger Charles Godefroy, wollte diese »Erniedrigung« mit einem waghalsigen Flugmanöver wettmachen. Am 7. August startete er frühmorgens vom Flugplatz in Villacoublay, erreichte um 7.30 Uhr die Place de l'Étoile – und flog durch den Triumphbogen hindurch. Ein Husarenstück: Er musste seinen Nieuport-Jäger mit einer Spannweite von neun Metern durch eine Öffnung von nur 15 Metern Breite steuern.

Am 11. November 1920, dem Jahrestag des Waffenstillstands, weihte man unter dem Triumphbogen in einer feierlichen Zeremonie die Grabstelle des Unbekannten Soldaten ein. Die Beisetzung der Überreste eines Rekruten aus dem Ersten Weltkrieg fand im Januar 1921 statt. Und am 11. November 1923 widmete man ihm an gleicher Stelle eine ewige Flamme. Sie wird seitdem jeden Abend um 18.30 Uhr von Kriegsveteranen aufs Neue entzündet. Diese symbolische Geste wurde sogar am 14. Juni 1940 vollzogen, als die deutsche Wehrmacht in Paris einmarschierte und an der Place de l'Étoile Aufstellung nahm. An jenem Tag fand das Entzünden der Flamme vor den Augen deutscher Offiziere statt, die die Zeremonie genehmigt hatten.

Abb. 23. Das erste »Lido« von 1928 würde man heute als Wellness-Tempel
bezeichnen. Die Hauptattraktionen: venezianische Interieurs und ein Pool.

III. KAPITEL: 1918 bis 1944
ANNÉES FOLLES UND
DEUTSCHE BESATZUNG

Der Wechsel von der Kriegswirtschaft zur Konsum-Produktion vollzog sich symbolisch auf den Champs-Élysées. Während des Ersten Weltkriegs hatte der Autobauer *Citroën* 23 Millionen Granaten hergestellt, jetzt brachte er das erste in Europa am Fließband produzierte Auto auf den Markt: Die 10 HP Typ A wurde im Juni 1919 bei einer Pressekonferenz auf den Champs-Élysées vorgestellt. Unternehmensgründer André Citroën wollte ein günstiges Fahrzeug mit geringen Unterhaltskosten anbieten. Deshalb importierte er die Produktionsweise seines amerikanischen Vorbildes Henry Ford nach Frankreich.

Nach einigen Jahren des Stillstands kehrte das Leben zurück auf die Champs-Élysées, es füllten sich wieder Cafés und Restaurants, Geschäfte und Unterhaltungsbetriebe. Auf der Avenue begannen die »Années folles« (die tollen Jahre), wie die »Goldenen Zwanziger« in Frankreich genannt werden. Auch hier war der amerikanische Einfluss groß. Man hörte Jazz, man tanzte Charleston, Shimmy und Foxtrott in Kabaretts und Tanzlokalen, in die amerikanische und englische Soldaten gingen, aber auch ein mondänes Publikum auf der Suche nach den neuesten Trends. Der Kunsthändler Paul Guillaume zeigte in der Galerie Devambez die erste Ausstellung mit »Art nègre et Art océanien« und veranstaltete eine »Fête Nègre«.

Die Sensation des Jahres 1925 war die 19-jährige amerikanische Nackttänzerin Josephine Baker, die am 2. Oktober erstmals in Europa auftrat: in der »Revue Nègre« im Théâtre des Champs-Elysées. »Die sensationellste Frau, die man je gesehen hat«, verkündete Ernest Hemingway. George Balanchine gab ihr Tanzunterricht, Jean Cocteau entwarf Theaterkulissen für sie, Henri Matisse machte einen lebensgroßen Scherenschnitt von ihr, den er in seinem Schlafzimmer aufhängte. Alexander Calder modellierte sie aus Draht, Fernand Léger machte sie mit den Surrealisten bekannt. Le Corbusier war so begeistert, dass er sich als Baker verkleidete, mit geschwärzter Haut und Federbund. Adolf Loos lernte Baker auf einer Party kennen und entwarf daraufhin ein Baker House, das im 16. Arrondissement stehen sollte.

Auch das architektonische Gesicht der Champs-Élysées veränderte sich durch eine neue Generation von Bauherren. Einer der prägenden Immobilien-Unternehmer der Zeit war Léonard Rosenthal. Spross einer jüdischen Familie aus Tschetschenien, war er im Alter von 14 Jahren nach Paris gegangen. Er studierte an der Handelsschule und arbeitete für die Kristallfabrik von *Baccarat*. In den 1900er Jahren machte er zusammen mit seinen jüngeren Brüdern Geschäfte mit Perlen aus Venezuela und Bahrain und mit Edelsteinen. Sein Erfolg ermöglichte es ihm, die gesamte Familie aus Russland nachkommen zu lassen. In den zwanziger Jahren verlagerte er seine Aktivitäten auf Immobiliengeschäfte. An den Champs-Élysées errichtete er die ersten beiden Einkaufspassagen, mit denen er neue Verkaufsflächen im Inneren der Grundstücke schuf. Er ließ außerdem zwei Gebäude an der Avenue bauen: ein siebenstöckiges Geschäftshaus und den Marignan-Block.

Rosenthal gilt als Pionier der modernen Champs-Élysées. Bei der Eröffnung seiner Passage *Les Portiques* beschrieb er seine Vision der Avenue: »Von oben bis unten auf den Champs-Élysées werden sich die Gebäudeästhetik, das Geschäftsleben und selbst das Alltagsleben völlig verändern. Der Snobismus, der sich hier so viele Jahre lang ausgebreitet hat, wird Aktivitäten Platz machen, die Reichtümer produzieren. Die elegante Gesellschaft wird die majestäti-

Abb. 24. In den 1920er Jahren zeigten sich auch auf den Champs-Élysées amerikanische Einflüsse. Hier das »Café Select«.

sche Avenue nicht mehr nur besuchen, um bei einem gewöhnlichen Spaziergang zu sehen und gesehen zu werden, sondern um dort das zu finden, was die französische Produktion zu bieten hat, die erlesensten und seltensten Waren in den schönsten Geschäften. Sie werden wegen der luxuriösen Cafés kommen, die an Sommerabenden auf nie gekannte Weise belebt sein werden – anstatt wie früher hastig über eine Avenue ohne Leben und mit düsteren Gebäuden zu eilen.«

Sein erstes Projekt an der Avenue war 1926 die Passage *Les Arcades des Champs-Élysées*, in die man durch das Rundportal im Haus Nr. 76 gelangte. Sie war 120 Meter lang und führte bis zur rückwärtigen Rue de Ponthieu. Das aufwendige Dekor sollte den Luxusgeschäften entsprechen, die dort einzogen. Die Passage säumten raumhohe Säulen aus rotem Marmor, die aus dem abgerissenen Hôtel Dufayel stammten. Es gab kunstvolle Arbeiten aus Schmiedeeisen, bunte Glasfenster und einen Kristallbrunnen von René Lalique. Die Arkaden sind bis heute erhalten, auch wenn sie durch den späteren Einbau zusätzlicher Verkaufsflächen im Mittelgang der Passage ihre Großzügigkeit eingebüßt haben. Luxus sucht man dort vergebens.

DIE ANFÄNGE DES »LIDO«

Im Untergeschoss der Arkaden wurde 1928 auf 4000 Quadratmetern ein neuartiges Etablissement mit einem Schwimmbad eröffnet. Es firmierte unter dem Namen *Lido*, in Anlehnung an den Lido di Venezia, den Strand von Venedig. Das Venedig-Motiv spiegelte sich in vielen Facetten bei der Gestaltung des Etablissements. Der Tanzsaal war aus Purpur und Gold, es gab eine Bar aus Marmor, ein Hammam mit Gold- und Silbermosaiken, und das Wasser des Pools schimmerte in Smaragdtönen. Darüber spannte sich eine Brücke, die an die Rialto-Brücke erinnern sollte. An den Wänden im Obergeschoss waren venezianische Karnevalsbilder zu sehen. Ein Journalist schrieb, dass man »je nach seinen Bedürfnissen dorthin gehen wird. Um 9 Uhr Eröffnung des Schönheitsinstituts und des Friseursalons. Von 11 Uhr bis 13 Uhr die Stunde des Portweins. Um 16.30 Uhr: Zeit für einen Cocktail. Von 22 Uhr bis 2.30 Uhr ist Champagner-Zeit. Von 2.30 Uhr bis 3.30 Uhr schlägt die Stunde von Venedig ...« Der Luxus des *Lido* begeisterte die Kritiker, und die Kunden kamen in großer Zahl. Aber schon 1936 hatte sich das Konzept überlebt, und der Unternehmer Léon Volterra veranstaltete dort Revuen. Sein Etablissement nannte er *Nouveau Lido*, es war der Vorläufer für das Revuetheater *Lido* nach 1946.

Fünf Branchen dominierten in den zwanziger und dreißiger Jahren die Champs-Élysées: die Kinos, die Modeboutiquen, die Medien, die Banken und die Showrooms der Automarken. 1920 eröffneten das Atelier von *Renault* und eine Repräsentanz des amerikanischen Herstellers *Packard* sowie viele kleine französische Autobauer, die sich oft auf Luxuskarossen spezialisiert hatten, aber heute nicht mehr existieren, etwa *Bellanger*, *Delahaye*, *Durant*, *Dumay* oder *Hispano-Suiza*. Der aufkommende Autoverkehr machte damals die Champs-Élysées unsicher. Verkehrsschilder hielten die Fahrer dazu an, die Geschwindigkeit zu reduzieren. »Fahrer, achtet auf die Fußgänger«, las man dort, oder »Fahrer langsamer fahren«. Es hatte nur begrenzte Wirkung. Die abschüssige Avenue mit ihrer Breite und schnurgeraden Straßenführung reizte die Autofahrer zu Höchstgeschwindigkeiten.

Die Tageszeitung *Le Figaro* bezog 1925 ein Gebäude direkt am Rond-Point, wo sie ein halbes Jahrhundert lang blieb. Ebenfalls auf der Avenue residierte *La Tribune des Nations*, und der Verleger Léon Bailby gründete hier die Tageszeitung *Le Jour* und die Sportillustrierte *Match*, aus der später die Zeitschrift *Paris Match* wurde. Mehrere ausländische Zeitungen folgten, darunter die *New York Herald Tribune*. Der Modeschöpfer Paul Poiret lebte und arbeitete ab 1925 im Haus Nr. 1 am Rond-Point. Er galt als Pionier des Art déco in der Mode und schärfster Konkurrent von Coco Chanel, die ihn schließlich überflügelte. Wegen der Weltwirtschaftskrise musste er 1929 sein Geschäft schließen. Auf der Avenue eröffneten Kinos einer neuen Generation: das *L'Ermitage*, das *Lord Byron*, das *Paris* und später zwei legendäre Filmbühnen: das *Pathé Marignan* mit einem 22 Meter hohen Saal, der 1700 Zuschauern Platz bot, und das *Normandie* mit seinem wie ein Ozeandampfer geschwungenen Saal für 2000 Zuschauer.

Im Jahr 1925 hatte der 38-jährige Le Corbusier für Aufsehen mit einer radikalen städtebaulichen Vision für Paris gesorgt: dem »Plan Voisin«. Es sollte der größte Umbau in der Geschichte der Stadt wer-

Abb. 25. Le Corbusiers »Plan Voisin« für einen radikalen Umbau von Paris (1925). Teile der Innenstadt sind ausradiert und durch Hochhäuser ersetzt. Einzelne Baudenkmale stehen verloren herum. Hier rot markiert: Triumphbogen (1), Champs-Élysées (2), Élysée-Palast (3), Madeleine-Kirche (4), Opéra Garnier (5), Place Vendôme (6), Louvre (7) und Ostbahnhof (8).

Grafik: Andrew Mateja, Chicago

den, und der Plan hätte für den unteren Abschnitt der Champs-Élysées eine zerstörerische Wirkung gehabt. Der Architekt war damals
nur einem kleinen Kreis von Fachleuten bekannt durch die Villen,
die er bis dahin gebaut hatte, und durch seine Utopie einer »Ville
contemporaine de trois millions d'habitants«, einer autogerechten
Stadt von drei Millionen Einwohnern, deren Zentrum aus 24 Wol-
kenkratzern mit 60 Geschossen bestehen sollte. Den Mittelpunkt
bildete ein riesiger Verkehrsknotenpunkt mit sieben Ebenen. Oben
auf dem weitläufigen Platz sollten Flugzeuge starten und landen.
Le Corbusier wollte diese Idee exemplarisch auf Paris übertragen
und suchte für das Projekt einen Sponsor, den er mit der Aussicht
lockte, dass der Plan nach diesem benannt würde. *Citroën* und
Michelin winkten ab, Gabriel Voisin, ein französischer Hersteller
von Flugzeugen und Autos, sagte zu.

Le Corbusiers »Plan Voisin« sah vor, im Bereich der ältesten Quar-
tiere von Paris nördlich des Louvre eine 240 Hektar große, streng
rechtwinklig angelegte Geschäftsstadt zu errichten. Dafür sollte
fast die gesamte historische Gebäudesubstanz bis zum Ostbahnhof
abgerissen und durch 18 kreuzförmige Wolkenkratzer von 200 Metern Höhe ersetzt werden. Nach Westen schloss sich ein Abschnitt
mit zwölfgeschossigen Gebäuderiegeln an, für die ebenfalls die
alte Stadt weichen sollte. Nur einzelne Baudenkmäler sollten verschont werden und als Solitäre zwischen den Neubauten stehen,
etwa die Opéra Garnier, die Place Vendome oder die Kirche La
Madeleine. Die gesamte Bebauung auf der Nordseite der unteren
Champs-Élysées mitsamt ihren Palais aus dem 18. Jahrhundert wäre
beseitigt und durch schematische Neubauten ersetzt worden, zwischen denen der Élysée-Palast verloren herumgestanden hätte. Le
Corbusiers Vorschlag sorgte unter Avantgardisten für Furore, aber
die Planungsbehörden von Paris zeigten kein Interesse. Diese Enttäuschung hat ihn sein Leben lang begleitet. Noch zwei Monate vor

Abb. 26. Le Corbusier entwarf 1929 ein Penthouse über den Champs-Élysées. Vom Dachgarten war der Triumphbogen kaum zu sehen.

seinem Tod beklagte er sich, dass er »mit keinem einzigen Wort von den Autoritäten gefragt« worden sei.

Vier Jahre nach dem »Plan Voisin« erhielt Le Corbusier dann doch einen Auftrag für ein Projekt im Zentrum von Paris, wenn auch ein viel kleineres: ein Penthouse an den Champs-Élysées. Bauherr war der in Paris geborene Mexikaner Carlos de Beistegui, Erbe eines riesigen Vermögens, Kunstsammler und exzentrischer Gastgeber opulenter Feste. Er besaß das bereits aufgestockte Palais Champs-Élysées Nr. 136, und Le Corbusier sollte zwei weitere Geschosse hinzufügen. Es wurde eine eigenwillige Schöpfung. Die Architektur war schlicht und kubisch, mit weißen Wänden und großen Fenstern, auffälligstes Element war eine spindelförmige Wendeltreppe ins oberste Geschoss. Damit kontrastierte die barocke Opulenz der Antiquitäten und Kunstwerke, mit denen Beistegui die kargen Räumlichkeiten ausstaffierte. Surreal wirkte die Dachterrasse: Die umlaufende weiße Mauer verhinderte den freien Blick auf die Champs-Élysées und den Triumphbogen, dafür war sie ausgestattet mit einer Grasmatte, einem falschen Rokoko-Kamin und einem automatischen Papagei auf einer Sitzstange, der die neuesten Pariser Hits spielte. Schon bald verlor Beistegui das Interesse an dem Objekt und zog in eine größere und klassischere Wohnung im Invaliden-Viertel. Im Jahr 1938 hat man das Penthouse teilweise zerstört, 1960 führten Arbeiten zu einem noch größeren Verfall der Anlage. Doch 2010 stellte die *Commission du Vieux Paris* bei einer Untersuchung im Hinblick auf eine mögliche Restaurierung fest, dass die Infrastruktur von 1931 größtenteils noch vorhanden war.

Die Attraktion des Sommers 1928 war ein Gast aus Berlin: der Droschken-Unternehmer Gustav Hartmann, genannt der »Eiserne Gustav«. Er war am 4. Juni, dem Tag seines 69. Geburtstages, auf den Champs-Élysées angekommen – zwei Monate, nachdem er sich in Berlin mit Wallach Grasmus und Kutsche auf den 1000 Kilometer langen Weg gemacht hatte. Hartmann wollte damit gegen den Niedergang des Droschkengewerbes protestieren. Sein Mitfahrer war der Zeitungsreporter Hans Hermann Theobald vom Ullstein-Verlag, der die Reise mit 1000 Mark sponserte. Solche rekordverdächtigen Aktionen waren damals en vogue: Charles Lindbergh hatte ein Jahr zuvor den Atlantik überflogen, der englische Rennfahrer Malcolm Campbell stellte einen Geschwindigkeitsrekord nach dem anderen auf, und die Französin Rachel Dorange war von Paris nach Bukarest geritten. Hartmann wurde in Paris gefeiert: Der deutsche Botschafter lud zum Bankett, die französischen Fuhrunternehmer adelten ihn zum »Ehrenkutscher«, *Moulin-Rouge*-Tänzerinnen posierten mit ihm, sogar die Filmdiva und Sängerin Mistinguett fiel ihm um den Hals.

Ende der zwanziger Jahre kündigte sich auf den Champs-Élysées eine neue Architektur der Sachlichkeit jenseits der klassischen historischen Stile an. Ein herausragendes Beispiel dafür ist das Haus Nr. 101, gut sichtbar gelegen an der Ecke zur Avenue George V. Es entstand ab 1930 am Standort des abgerissenen *Hotel d'Albe* nach Plänen von Louis Hippolyte Boileau und Charles-Henri Besnard, Hauptvertretern des Art déco in Paris. Obwohl für die Champs-Élysées eine Maximalhöhe von 32 Metern galt, bekamen sie die Genehmigung für 36 Meter. Die elegant gerundete Straßenecke betonten zwei massive Pfeiler. Sie kulminierten in einer Rotunde, auf der eine große Inschrift die damalige Nutzung des Hauses verkündete: *Maison de France*, das französische Büro für Tourismus. Auf den Brüstungsfeldern brachte man später beleuchtete Schriftzüge an, etwa »Visitez la France« (Besuchen Sie Frankreich), »Pays du thermalisme« (Land der Thermen) oder »Paris, centre de l'art et de la pensée« (Paris, Zentrum der Kunst und der Denker). In der zweigeschossigen Haupthalle stand ein sechseckiger Empfangstresen, gerahmt von sechs Säulen – ein Symbol für das »Hexagone«, wie man Frankreich wegen seiner Umrisse auch nennt. Im ersten Stock befanden sich die Räume für den *Touring Club* und den *Automobile Club de France* sowie Repräsentanzen von *Hachette* und *Michelin*. Die Fassade zur Avenue George V. wurde 1995 im gleichen Stil um fünf Achsen verlängert (s. S. 129).

DEUTSCHE EXILANTEN

Nach der Machtübernahme durch die Nationalsozialisten in Deutschland Anfang 1933 kam ein neues Publikum nach Paris und auf die Champs-Élysées: die Exilanten. Bis zum Ausbruch des Zweiten Weltkriegs lebten etwa 10 000 deutsche Flüchtlinge in der französischen

Abb. 27. Art déco: Die »Maison de France« an der Ecke zur Avenue George V. aus dem Jahr 1931. Das Gebäude wurde 1995 erweitert. (vgl. S. 129)

Hauptstadt, die Mehrheit waren Juden. Zu ihnen zählten u. a. Anna Seghers, Walter Benjamin, Alfred Döblin, Max Beckmann und Ernst Bloch. In Paris gab es für deutschsprachige Künstler einige Möglichkeiten, sich zu betätigen. Viele der Schriftsteller, Journalisten, Theatermacher oder Maler waren schon vor 1933 in der französischen Hauptstadt gewesen und verfügten über Kontakte. In Paris gab es vor dem Zweiten Weltkrieg fünf Emigranten-Buchhandlungen und zahlreiche Exilverlage, in denen mehr als 400 deutschsprachige Publikationen erschienen, auch wenn nicht viele davon Bestand hatten. Die wichtigsten Zeitungen waren das *Pariser Tageblatt* (später *Pariser Tageszeitung*), *Das Neue Tage-Buch* oder die *Freie Kunst und Literatur*. Im Sommer 1935 fand in der französischen Hauptstadt der »Erste internationale Schriftstellerkongress zur Verteidigung der Kultur« statt, an dem sich mehr als 250 Autoren aus aller Welt beteiligten, u. a. Bertolt Brecht, Heinrich und Klaus Mann, Robert Musil und Lion Feuchtwanger. Die Redebeiträge verfolgten 3000 Zuschauer, darunter waren viele Flüchtlinge aus Deutschland und Österreich.

Die Exilanten mit den entsprechenden Mitteln richteten sich in den guten Stadtvierteln ein. Die Champs-Élysées wurden von ihnen umgetauft in »Boulevard de l'Assimilation«. Dort trafen sich die Filmleute, ein Bericht der Polizeipräfektur von Paris bezeichnete sie als »veritable Colonie judéo-allemande«. Am beliebtesten war das *Hotel George V.*, wo der Regisseur Fritz Lang ein luxuriöses Zimmer bewohnte. Er konnte in Paris beim Film *Liliom* Regie führen, weshalb ihn der Schriftsteller Curt Riess einen »Emigranten deluxe« nannte.

Die Intellektuellen, die weniger Geld, aber dafür literarische Ambitionen hatten, verachteten den unpersönlichen Prunk der Champs-Élysées und bevorzugten das Viertel Montparnasse oder den Boulevard Saint-Germain. Die meisten Exilanten hatten wenig Geld und mussten in billigen Hotels unterkommen wie dem *Ansonia* in der Rue de Saigon Nr. 84 hinter dem Triumphbogen. Dort wohnten zeitweise der Regisseur Billy Wilder, der Schriftsteller Max Colpet, der Schauspieler Peter Lorre (Hauptdarsteller in *M*), der Filmkomponist

Franz Wachsmann und der Schriftsteller Erich Maria Remarque, in dessen Roman *Arc de Triomphe* das Hotel vorkommt. Auch Vladimir Nabokov und seine Familie lebten nach ihrer Flucht aus Deutschland dort. Zwei Schriftsteller starben in der Stadt ihres Exils: 1938 wurde Ödön von Horváth bei einem Gewitter auf den Champs-Élysées gegenüber dem Théâtre Marigny von einem Ast erschlagen. Und Joseph Roth starb 1939 im Alter von 44 Jahren an seiner Alkoholsucht. Man beerdigte ihn auf dem zu Paris gehörenden Cimetière parisien de Thiais südlich der Hauptstadt.

Am 10. Mai 1940 begann der Westfeldzug der Wehrmacht. Die deutschen Truppen kamen erstaunlich schnell voran: In wenigen Tagen durchquerten sie die Ardennen, durchbrachen die französische Verteidigungslinie bei Sedan und begannen mit der Belagerung der französischen Hauptstadt. Die Pariser errichteten Barrikaden. Drei Viertel der Einwohner hatten die Stadt verlassen, die Verbliebenen genossen am Sonntag, dem 9. Juni, die Sonne auf den Schankterrassen der Champs-Élysées – fünf Tage vor dem Einmarsch der deutschen Truppen. Doch wie Paris war auch die Avenue bald von schwarzem Rauch bedeckt – eine Folge der Bombenangriffe auf die Benzinlager in den Vorstädten. Kolonnen von Flüchtenden überquerten die Champs-Élysées, um in die Provinz zu entkommen. Alle Geschäfte und Restaurants schlossen, am 11. Juni auch das *Fouquet's*. In dieser angespannten Atmosphäre erwiesen am Abend des 12. Juni auf einer verlassenen Place de l'Étoile französische Offiziere dem Grab des Unbekannten Soldaten die Ehre. Sie erwogen sogar, ihn zu exhumieren, um seinen Leichnam vor dem feindlichen Vormarsch zu schützen. Schließlich wurde Paris in Absprache mit dem deutschen Oberkommando zur »offenen Stadt« erklärt.

Am Morgen des 14. Juni drängen deutsche Kolonnen in die Stadt, eine davon passiert die Place de l'Étoile und defiliert auf den Champs-Élysées. Korpsgeneral Bogislaw von Studnitz, Kommandeur der 87. Infanteriedivision, die die Hauptstadt besetzen sollte, richtet sein Hauptquartier im *Hotel de Crillon* an der Place de la Concorde ein, während auf dem Dach des benachbarten Marineministeriums die Hakenkreuzfahne gehisst wird. Am 22. Juni unterzeichnen Generaloberst Wilhelm Keitel und General Charles Huntziger den Waffenstillstand von Compiègne.

Am Tag darauf, es ist ein Sonntag, bricht Adolf Hitler um 4 Uhr früh von seinem Hauptquartier *Wolfsschlucht* in Belgien auf, um Paris zu besuchen. Die Anlage der Stadt und ihre Architektur haben ihn schon früh fasziniert, sie erscheinen ihm als vorbildlich auch für seine geplante Umgestaltung von Berlin. Mit seiner Entourage, darunter sein Lieblingsarchitekt Albert Speer und der Bildhauer Arno Breker, erreicht er nach einem halbstündigen Flug Le Bourget nordöstlich von Paris. Dort warten zehn Fahrzeuge für eine Stadtrundfahrt im Morgengrauen ohne Verdeck. Es geht durch die Porte de la Villette nach Paris hinein, dann weiter über die Avenue de Flandres und die Rue La Fayette zur Pariser Oper.

Hier findet der erste Halt statt, denn Hitler will das Hauptwerk von Charles Garnier besichtigen, das beispielgebend für viele Opernhäuser war. Über den Boulevard des Capucines geht es zur klassizistischen Kirche La Madeleine und zur Place de la Concorde. Ein historisches Foto dokumentiert, wie Hitler bei der Einfahrt in die Avenue des Champs-Élysées im Wagen steht und umherblickt. Es geht hinauf zum Triumphbogen und dann zur großen Aussichtsterrasse am Trocadero, von wo die Gruppe auf das Marsfeld mit dem Eiffelturm hinunterschaut. Hitler besucht das Grab Napoleons im

*Abb. 28. Nach dem siegreichen Frankreich-Feldzug 1940 besichtigte
Adolf Hitler in den Morgenstunden des 23. Juni Paris. Hier biegt die
Wagenkolonne auf der Place de la Concorde in die Champs-Élysées ein.*

Invalidendom, dann Montmartre und die Kirche Sacré-Cœur. Um acht Uhr morgens macht sich die Wagenkolonne auf den Weg zurück zum Flugplatz Le Bourget. Nach dem Start lässt Hitler die Maschine einige Male über der Stadt kreisen. Zurück im Hauptquartier sagt er zu Albert Speer: »War Paris nicht schön? Aber Berlin muss viel schöner werden. Ich habe mir früher oft überlegt, ob man Paris nicht zerstören müsse. Aber wenn wir in Berlin fertig sind, wird Paris nur noch ein Schatten sein. Warum sollen wir es zerstören?« Vier Jahre später wird Hitler dann doch den Befehl zur Zerstörung geben (S. 90).

Die deutschen Besatzer beließen es nicht bei der militärischen Eroberung, Propagandaminister Joseph Goebbels wollte auch die Köpfe gewinnen. Und die Champs-Élysées waren das Herzstück dieses symbolischen Kampfes. Innerhalb weniger Monate richteten die verschiedenen Dienste der deutschen Propaganda und der Kollaboration dort ihre Büros ein. *Radio Paris*, das über dem Kino *Normandie* untergebracht war, diente ihnen als Verbindung in die Bevölkerung. Der Sender, den die Deutschen im November 1940 beschlagnahmten, rekrutierte bekannte französische Persönlichkeiten, darunter den populären Schauspieler und Chansonsänger Maurice Chevalier. Im Haus Nr. 104 hatte die *Continental-Gesellschaft* ihren Sitz. Von Goebbels mit Kapital ausgestattet und geleitet von Alfred Greven, produzierte sie 33 Filme, darunter *Les Enfants du Paradis*. Wenige Häuser weiter residierte die antisemitische Zeitung *Au Pilori*, die 1939 verboten worden war, aber jetzt von den Besatzern wieder zugelassen wurde.

Die Wehrmacht marschierte jeden Tag auf den Champs-Élysées, unter dem Triumphbogen fanden Zeremonien zur Verleihung des Eisernen Kreuzes statt. Das *Marignan* war jetzt ein reines Soldatenkino, im *Normandie*, im *Les Portiques* oder *Le Biarritz* zeigte man Propagandafilme: *Die goldene Stadt* (über Prag), *Das unsterbliche*

Abb. 29. Auf den Champs-Élysées richten sich viele nationalsozialistische Organisationen ein. Mehrere Kinos waren für deutsche Soldaten reserviert.

Herz, Münchhausen, Ohm Krüger (die Geschichte des Präsidenten von Transvaal) oder *Die Fantastische Symphonie*, produziert von der *Continental* mit Jean-Louis Barrault und Renée Saint-Cyr. Es gab eine Buchhandlung der NS-Organisation *Kraft durch Freude*, die *Hall Citroën* nutzte die Waffen-SS als Ausstellungsraum. Im Grand Palais fanden zwei große Schauen statt, die der Kollaboration eine europäische Dimension verleihen sollten: *La France européenne* und *La Vie Nouvelle*.

Die gehobene Schicht der deutschen Besatzer fand man im *Maxim's* und im *Hotel de Crillon*. Eine kleine Anzahl von Offizieren, darunter der Schriftsteller und Soldat Ernst Jünger, traf sich im *Hotel George V.* unweit der Champs-Élysées. Nach einem Luftangriff der Alliierten auf die Tanklager außerhalb des Zentrums im April 1943 notierte Jünger, wie sich in seinem Erleben die Gräuel des Krieges und die Eleganz der Avenue vermischten: »Es war ein herrlich

milder und blauer Frühlingstag. Während sich in den Vorstädten
noch Hunderte in ihrem Blute wälzten, flanierten die Pariser in Massen unter den grünen Kastanien der Champs-Élysées. Dort stand ich
lange vor der schönsten Gruppe von Tulpenbäumen, die ich jemals
sah. Der eine blühte blendend weiß, der zweite zart rosa, der dritte
purpurrot. Es lag das Frühlingszittern in der Luft, der Zauber, den
man in jedem Jahre einmal spürt, als Schwingung höherer Art.«

Schon im Juli 1940 hatte es Attacken auf jüdische Geschäfte an
den großen Boulevards und den Champs-Élysées gegeben. Täter
waren die »Ordnungsdienste« der Kollaborations-Parteien, die mit
ihren Schlägertrupps Juden und politische Gegner drangsalierten.
Manche erpressten Schutzgelder von Geschäftsleuten, denen sie
mit Enteignung drohten. Im Oktober 1941 gab es nachts Anschläge
auf sechs Pariser Synagogen. Am Rand eines Aufmarschs der Legion
der Freiwilligen Frankreichs gegen den Bolschewismus gingen auf
den Champs-Élysées die Scheiben von Straßencafés zu Bruch, in
denen sich die nonkonformistischen »Zazous« trafen, das französische Pendant zur deutschen Swing-Jugend. Zu den dabei über
hundert Verletzten gehörte der Schriftsteller, Maler und Regisseur
Jean Cocteau.

Schätzungsweise 150 000 Juden gab es damals in Paris. Im September 1940 mussten sie sich alle registrieren lassen, vom 7. Juni
1942 an galt die Vorschrift, dass sie das gelbe Abzeichen mit dem
Davidstern und den Worten »Juif« oder »Juive« zu tragen hatten.
Bald darauf verbot ihnen eine weitere Verordnung den Aufenthalt
in Restaurants und Cafés, Kinos und Theatern, in Museen, Biblio-
theken und Ausstellungen, in Sportanlagen und Parks. In Paris begannen deutsche und französische Beamte mit den Vorbereitungen
für eine große Razzia. Etwa 10 000 Juden konnten sich der Festnah-
me entziehen, weil sie von Polizeibeamten gewarnt worden waren.
Die Razzia fand am 16. und 17. Juli 1942 statt, sie wird als »la grande

Abb. 30. Ein Hakenkreuz-Banner über den Champs-Élysées. Die deutsche Besatzung von Paris dauerte von Juni 1940 bis August 1944.

rafle du Vel' d'Hiv« bezeichnet, weil man die Juden über mehrere Tage im Winter-Velodrom unweit des Eiffelturms unter unwürdigen Bedingungen einsperrte. Die französische Polizei deportierte sie über den Pariser Bahnhof Austerlitz in die Durchgangslager Drancy, Beaune-la-Rolande und Pithiviers und von dort weiter in die Vernichtungslager. Etwa die Hälfte der Pariser Juden überlebte die deutsche Besatzung nicht.

Das Schicksal der Familie des Unternehmers Léonard Rosenthal spiegelt die damaligen Ereignisse. Er und sein Bruder Adolphe waren von der Wirtschaftskrise Anfang der 1930er Jahre hart getroffen worden, ihr Unternehmen *Léonard Rosenthal et frères* lösten sie 1934 auf. Adolphe wurde im September 1941 in einer Unterführung an der Porte Maillot erschossen, vermutlich von Hilfskräften der Gestapo; seine Schwester starb in Ravensbrück. Léonard gelangte über Saint-Jean-de-Luz nach Spanien und von dort nach New York, wo er durch den Handel mit Zuchtperlen wieder zu Wohlstand kam. 1949 publizierte er seine Erinnerungen (*Mémoires d'un chercheur de perles*), er starb 1955. Sein Sohn Jean war als »Compagnon de la Libération« an der Befreiung Frankreichs beteiligt und schloss sich nach dem Zweiten Weltkrieg den Freien Französischen Streitkräften an.

EIN DEUTSCHER GENERAL VERHINDERT
DIE ZERSTÖRUNG VON PARIS

Am 6. Juni 1944 landeten die Alliierten an den Stränden der Normandie, am 31. Juli durchbrachen die Amerikaner die deutsche Verteidigungslinie bei Avranches. Das französische Hinterland stand den Alliierten nunmehr offen für die Befreiung Frankreichs. Einen Tag später ernannte Hitler Dietrich von Choltitz zum Kommandierenden General und Wehrmachtbefehlshaber von Groß-Paris. Der schlug sein Hauptquartier im Hotel *Le Meurice* unweit der Place de la Concorde auf. Mehrmals widersetzte sich der General den Befehlen Adolf Hitlers, Paris bis zum letzten Mann zu verteidigen beziehungsweise als zerstörte Stadt zurückzulassen. Der letzte Befehl dieser Art datierte vom 23. August: »Der Führer wiederholt daher seinen Befehl, dass Paris im Sperrgürtel vorwärts der Stadt verteidigt werden muss. [...] Innerhalb der Stadt muss gegen erste Anzeichen von Aufruhr mit schärfsten Mitteln eingeschritten werden, zum Beispiel Sprengung von Häuserblocks, öffentliche Exekutierung der Rädelsführer, Evakuierung der betroffenen Stadtteile, da hierdurch eine weitere Ausbreitung am besten verhindert wird. Die Seinebrücken sind zur Sprengung vorzubereiten, Paris darf nicht oder nur als Trümmerfeld in die Hand des Feindes fallen.«

Um Aufstände zu verhindern, suchte Choltitz einerseits den Kontakt zur Résistance, andererseits demonstrierte er Stärke in Form von Militärparaden und Drohungen. Der schwedische Generalkonsul in Paris, Raoul Nordling, konnte im August 1944 durch seine Vermittlung zwischen der französischen Widerstandsbewegung und dem deutschen Stadtkommandanten die von Hitler angeordneten Sprengungen verhindern. Manche bezeichneten ihn und Choltitz deshalb später als »Retter von Paris«. Der Autor Cyril Gély schrieb ein Theaterstück über die Treffen der beiden Männer, das 2011 im Théâtre de la Madeleine erstmals aufgeführt wurde. Es lieferte die Grundlage für Volker Schlöndorffs Film *Diplomatie* von 2014.

Historiker weisen allerdings darauf hin, dass Choltitz zum einen nicht über die nötigen militärischen Ressourcen für so umfangreiche Zerstörungen verfügte, zum anderen warnten ihn die Alliierten, dass er als Kriegsverbrecher und nicht nur als Kriegsgefangener behandelt werden würde, sollte er den Zerstörungsbefehl ausführen. Choltitz ließ sein Hauptquartier bis zuletzt verteidigen und unterzeichnete die Kapitulation erst nach seiner Gefangennahme, um nicht der Résistance oder dem Mob in die Hände zu fallen. Er übergab die Stadt am 25. August 1944 um 14.45 Uhr an Generalmajor Leclerc, den Repräsentanten der französischen Streitkräfte.

Am nächsten Tag inspizierte General Charles de Gaulle, zurückgekehrt aus dem Londoner Exil, als Chef der provisorischen Regierung die französischen Truppen, entzündete die Flamme am Grab des Unbekannten Soldaten unter dem Triumphbogen und begann seinen Marsch die Champs-Élysées hinunter, um die Hauptstadt symbolisch wieder zu besetzen. Begleitet wurde er von Mitgliedern der provisorischen Regierung, Widerstandskämpfern der CNR und der CPL, den Präfekten Luizet und Flouret und mehreren Generälen. Bevor de Gaulle losmarschierte, soll er die erste Riege der Begleiter genau instruiert haben: »Meine Herren, bitte immer einen Schritt hinter mir!« Später wird er sich in seinen Kriegsmemoiren an diesen Tag erinnern: »Vor mir die Champs-Élysées. Das ist das Meer! Eine

Abb. 31. Tag der Befreiung: Am 26. August 1944 bejubeln die Pariser auf den Champs-Élysées die Panzerwagen der Alliierten.

Abb. 32. Am 11. November 1944 grüßt Winston Churchill die Pariser in Begleitung von General de Gaulle. An beide erinnern heute Denkmale.

riesige Menschenmenge hat sich auf beiden Seiten der Fahrbahn versammelt. Vielleicht zwei Millionen Seelen. Auch die Dächer sind schwarz von Menschen. An allen Fenstern drängen sich dichte Gruppen, dazwischen Fahnen. Menschentrauben hängen an Leitern, Masten und Laternenpfählen. So weit mein Blick reicht: eine einzige lebende Woge im Sonnenschein, unter der Trikolore. Ich gehe zu Fuß. Es ist nicht der Tag für eine Revue, bei der die Waffen glänzen und die Fanfaren erklingen. Heute geht es darum, ein Volk, das gestern von der Niederlage zermalmt und von der Knechtschaft zerstreut wurde, durch das Schauspiel seiner Freude und den Beweis seiner Freiheit wieder zu sich selbst zurückzuführen.« Am Nachmittag kam es zu dramatischen Szenen. Als de Gaulle auf dem Vorplatz von Notre-Dame eintraf, waren Schüsse zu hören. Der General schrieb sie in seinen Memoiren den Kommunisten zu, aber gesichert ist das nicht. Während ein Großteil der Menschen in der Kirche sich zu Boden warf, schritt der fast zwei Meter große General nach vorn und nahm mit seinen Getreuen in der vordersten Bank Platz.

Am 11. November 1944 schritt de Gaulle erneut über die Champs-Élysées, diesmal in Begleitung von Winston Churchill. Vertreter des Widerstands überreichten dem britischen Premier – in Kenntnis seiner Vorliebe für militärische Erinnerungsstücke – eine Hakenkreuzfahne, die dem Feind bei den Straßenkämpfen zur Befreiung abgenommen worden war.

Heute erinnern zwei Statuen an die beiden Staatsmänner und ihren Gang über die Champs-Élysées, beide hat der Künstler Jean Cardot geschaffen. Das Denkmal für Churchill stellte man 1998 südlich des Petit Palais auf, es ist eine der wenigen Statuen für Ausländer in der französischen Hauptstadt. Das Denkmal für de Gaulle steht nördlich des Grand Palais direkt an den Champs-Élysées, es wurde im Jahr 2000 von Staatspräsident Jacques Chirac eingeweiht. Auf dem Sockel sind verschiedene Zitate des Generals zu lesen. Darunter ein Satz aus seiner Rede 1944 im Rathaus nach der Befreiung der Hauptstadt: »Paris! Paris outragé, Paris brisé, Paris martyrisé, mais Paris libéré!« (Paris! Empörtes Paris, gebrochenes Paris, gemartertes Paris, aber befreites Paris!)

Abb. 33. Die Champs-Élysées in den 1960er Jahren: Auch bei gutem Wetter trugen die Damen Pelz und Handschuhe.

IV. KAPITEL: 1944 bis 1989
SCHAUFENSTER DER FÜNFTEN REPUBLIK

Die Euphorie nach der Befreiung von Paris währte nur kurz. Die Lage in der Hauptstadt blieb instabil, das Leben mühsam. Bei der Kommunalwahl im April 1945 erhielten die Kommunisten 30 Prozent der Stimmen. Die Versorgungslage war schlecht. Am 1. Januar 1946 wurden wieder Marken für Brot ausgegeben, und die von den Kommunisten ausgerufenen Streiks verschlechterten die Versorgungslage weiter. Und doch – oder gerade deswegen – blühten inmitten dieser Unsicherheit das mondäne Leben und das Amusement auf den Champs-Élysées wieder auf.

Die Brüder Jean und Joseph Clerico erkannten den Bedarf an Unterhaltung sowohl für die in Paris stationierten US-Soldaten als auch für die Franzosen. Sie übernahmen das *Lido* und ließen es zu einem Revuetheater umbauen; das einst so attraktive Schwimmbad verschwand. Nur der Name war geblieben, als das Etablissement am 20. Juni 1946 mit der Revue *Sans rimes ni raison* (Ohne Sinn und Verstand) eröffnete. Das *Lido* entwickelte sich bald zu einem der führenden Varieté-Theater in Paris. Pierre-Louis Guérin und René Fraday entwickelten das Konzept des Dîner-Spectacle, einer Kombination aus einem luxuriösen Abendessen und einer anschließenden Revue.

Eine Attraktion der ersten Jahre waren die inzwischen legendären *Bluebell Girls*. Diese Truppe von langbeinigen Tänzerinnen ging auf Margaret Kelly Leibovici, bekannt als »Miss Bluebell«, zurück, die 1948 im *Lido* arbeitete. Die in Irland geborene Tänzerin konzipierte mit dem Choreografen Donn Aden eine Bühnenshow mit aufwendigen Kostümen, die mit viel Strass und Straußenfedern besetzt waren und gelegentlich auch die blanken Busen der Tänzerinnen zeigten. Neben dem eigenen Ensemble gehörten Gastauftritte von französischen und internationalen Künstlern zu den Höhepunkten der Shows. In den frühen fünfziger Jahren trat u. a. das britisch-amerikanische Komiker-Duo Stan Laurel und Oliver Hardy auf.

Aus Deutschland kamen 1955 die Kessler-Zwillinge ins *Lido*. Die Leipzigerinnen hatten 1952 ein Besuchervisum zur Flucht aus der DDR in die Bundesrepublik genutzt, wo ihr Vater lebte. Im Düsseldorfer Revuetheater *Palladium* erhielten sie ihr erstes Engagement als Tänzerinnen. Dort sah sie der Direktor des *Lido*, Pierre-Louis Guérin, und verpflichtete sie an sein Varieté. Über ihren Wechsel nach Frankreich sagte Alice Kessler später: »Nach Paris zu kommen, war für uns wie für Armstrong die Mondlandung. Wir waren völlig von den Socken, was in dieser Riesen-Revue alles passiert. Dass wir da mitmachen sollten, war fantastisch, wir waren ja gerade mal 19. Das war für uns die große, große weite Welt. Ins Lido kam alles, was Rang und Namen hatte.« Die Kessler-Zwillinge feierten dort Erfolge, wie sie später nur noch von einer anderen Deutschen, Marlène Charell, erreicht wurden. In Frankreich änderten die Zwillinge ihren Familiennamen von Kaessler in Kessler. 1958 exportierten die Betreiber des *Lido* ihr Konzept nach Las Vegas. Weitere Showstars, die im Stammhaus gastierten, waren Noël Coward, Marlene Dietrich, Josephine Baker, Maurice Chevalier und Edith Piaf. Die Zauberkünstler Siegfried und Roy waren von 1967 bis 1969 im *Lido* engagiert.

1955 hatte der erste Neubau nach dem Zweiten Weltkrieg auf den Champs-Élysées eröffnet: die Maison du Danemark (Nr. 142). Die Idee einer solchen Repräsentanz Dänemarks ging zurück auf die Weltausstellung 1935 in Brüssel, bei der sich das skandinavische Land mit dem Werk des funktionalistischen Architekten Tyge Hvass präsentierte. Seitdem plante man, dauerhaft eine Art Kulturbot-

Abb. 34. Sommer 1955: Die 19-jährigen Kessler-Zwillinge auf den Champs-Élysées. Mit ihren Auftritten im »Lido« sorgten sie für Furore.

Abb. 35. Der erste Nachkriegsbau auf den Champs-Élysées: Die Architektur der »Maison du Danemark« von 1955 passte sich ins Stadtbild ein.

schaft in einer Weltstadt zu eröffnen. Die Wahl fiel auf Paris, wo der dänische Staat 1948 das Hôtel Soubiran auf den Champs-Élysées kaufte – um es dann für einen modernen Neubau von Tyge Hvass abzureißen.

Dessen Entwurf war unverkennbar zeitgenössisch, fügte sich aber mit der Sandsteinfassade, den bodentiefen Fenstern und den Brüstungsgittern in die klassische Bautradition der Avenue ein. Hvass zeigte hier eine Sensibilität, die viele Neubauten auf den Champs-Élysées in den sechziger und siebziger Jahren vermissen ließen. Im hinteren Teil des Grundstücks entstand eine lutherische Kirche, der einzige geistliche Ort auf den Champs-Élysées, und im Erdgeschoss ein Restaurant mit dänischer Küche, das bis heute besteht. Welche Bedeutung die Maison du Danemark hatte, zeigte die Eröffnung am 23. April 1955: Gekommen waren der dänische König Frederik IX. und Königin Ingrid, der französische Staatspräsident René Coty, die Premierminister beider Länder sowie der Modeschöpfer Erik Mortensen und der Bildhauer Robert Jacobsen.

In das Haus Dänemarks zog bald auch ein Verkaufsbüro von *Scandinavian Airlines* ein. Die Ansiedlung von ausländischen Fluggesellschaften war die größte Neuerung im Straßenbild der Champs-Élysées in den fünfziger Jahren. Nach der rasanten Entwicklung der Branche in den dreißiger Jahren wurden zunehmend internationale und sogar interkontinentale Flugverbindungen angeboten. Das Aufkommen von Düsenflugzeugen machte das Fliegen schneller und preisgünstiger. *Scandinavian Airlines* war die zweite Vertretung einer Fluglinie auf den Champs-Élysées nach der *Air France*, die bereits 1947 mit einer Repräsentanz in das Carlton-Gebäude einzogen war. Im November 1952 startete *Air France* zu ihrem ersten Linienflug zwischen Paris und Tokio. Die 10 000 Kilometer lange Flugverbindung taufte man auf den Namen »Champs-Élysées«.

DER ERSTE DRUGSTORE IN FRANKREICH

Im Oktober 1958 eröffnete am oberen Ende der Avenue ein neuer Treffpunkt: der *Publicis Drugstore* im Erdgeschoss des ehemaligen Hotels *Astoria*. Der Werbe-Pionier und Gründer der Agentur *Publicis*, Marcel Bleustein-Blanchet, hatte dort das Konzept der amerikanischen Drugstores erstmals in Frankreich umgesetzt – das Lokal war eine Mischung aus Restaurant, Feinkostladen, Apotheke und Zeitungskiosk. Die Idee kam dem Unternehmer bei einer Reise nach New York: »Um Mitternacht fand ich mich ohne Abendessen auf der Straße wieder«, erzählte er Journalisten bei der Eröffnung. »Dann sah ich das Licht eines kleinen Ladens. Ich ging hinein, um nach dem Weg zu fragen. Innerhalb von zwei Minuten hatte ich einen Hamburger, eine Zahnbürste, eine Zeitung und eine Schachtel Zigaretten gekauft. Um das Gleiche in Paris zu bekommen, hätte ich einen Tabakladen aufsuchen, in ein Café gehen und auf die Zahnbürste verzichten müssen, weil es keine offene Apotheke gab.«

Anfang der sechziger Jahre entwickelte sich der *Publicis Drugstore* zum bevorzugten Treffpunkt der »jeunesse dorée« aus den guten Pariser Stadtvierteln, den sogenannten Minets (wörtlich Miezekatzen). Beeinflusst von den britischen Mods, legten sie Wert auf gute Haarschnitte, maßgeschneiderte Anzüge und teure Markenkleidung. Sie hörten englischen Pop und Rhythm 'n' Blues, The Who, The Pretty Things, die Beatles, aber auch Otis Redding, Aretha Franklin oder James Brown. Sie lasen das britische Musikmagazin *Melody Maker* und hörten britische Piratenradios. Der Chansonnier Jacques Dutronc mokierte sich 1966 in seinem Lied *Les play-boys* über die jungen Snobs: »Ich habe keine Angst vor den kleinen Kätzchen im Drugstore, sie arbeiten wie die Biber, weder mit ihren Händen noch mit ihren Füßen.« Mit seinem Roman *La Bande du Drugstore* setzte 1999 der Journalist François Armanet den Minets ein literarisches Denkmal. Das Buch wurde 2002 verfilmt.

Im Spätsommer 1959 drehte der noch weitgehend unbekannte Regisseur Jean-Luc Godard, damals 28 Jahre alt, auf den Champs-Élysées seinen ersten Spielfilm. *À bout de souffle* (Außer Atem) bedeutete Godards Durchbruch, und bis heute ist es der bekannteste Film, der um die Avenue kreist. Er handelt vom Kleinganoven Michel (Jean-Paul Belmondo in seiner ersten Hauptrolle), der in einem gestohlenen Auto in eine Verkehrskontrolle gerät und im Affekt einen Polizisten erschießt. In Paris untergetaucht, knüpft er weiter kriminelle Kontakte und hat Affären mit jungen Frauen. Er verliebt sich in Patricia (gespielt von Jean Seberg), eine junge Amerikanerin, die auf den Champs-Élysées die *New York Herald Tribune* verkauft. Sie

Abb. 36. Dreharbeiten zum Film-Klassiker »Außer Atem« im Jahr 1959: Regisseur Jean-Luc Godard, Jean Seberg und Jean-Paul Belmondo.

ist sich ihrer Liebe zu ihm nicht sicher, Michels Avancen erscheinen ihr nur als Spiel. Als sie vom Mord am Polizisten erfährt, gerät sie in einen Gewissenskonflikt. Schließlich verrät sie Michel an die Polizei. Auf der Flucht niedergeschossen, stirbt Michel vor Patricias Augen.

À bout de souffle gilt als frühes Meisterwerk der französischen Autorenfilmbewegung *Nouvelle Vague*, die nach neuen Erzählformen suchte. Einige Stilmittel Godards waren damals Tabubrüche: Verzicht auf künstliches Licht, Handkamera-Aufnahmen auf offener Straße, asynchrone Verknüpfungen von Ton und Bild und die berühmten »Jump Cuts«, sprunghafte Übergänge von einer Einstellung in die nächste. »Die bahnbrechende Bedeutung des Films wurde sofort erkannt«, schreibt Richard Brody in seiner Godard-Biografie, »im Januar 1960, noch vor der Veröffentlichung des Films, erhielt Godard den Jean-Vigo-Preis, der zur Förderung eines zukünftigen Autorenfilms verliehen wird.« Der Film sei im März in Paris »nicht in einem Programmkino gestartet, sondern in einer Kette von vier kommerziellen Kinos, die in vier Wochen 260 000 Karten verkauften. Der Gewinn war beträchtlich und soll das Fünfzigfache der Investition betragen haben. Der Erfolg des Films beim Publikum entsprach der allgemein begeisterten Aufnahme durch die Kritiker«. Im Sommer erhielt *À bout de souffle* bei den Berliner Filmfestspielen den Silbernen Bären für die beste Regie.

Ikonisch wurde der Film auch durch die Fotografien, die Raymond Cauchetier während der Dreharbeiten auf den Champs-Élysées machte. Seine Fotos hielten viele Momente fest, die zwar im Film nicht vorkommen, aber den Geist der *Nouvelle Vague* und die besondere Stimmung der damaligen Zeit transportieren. Das bis heute berühmteste *Nouvelle-Vague*-Bild Cauchetiers zum Beispiel – Jean Paul Belmondo, die Gitanes im Mundwinkel, und Jean Seberg im *New York Herald Tribune*-T-Shirt, die Champs-Élysées hinabflanierend – scheint eine authentische Filmszene zu zeigen, entstand aber während einer Drehpause.

FASSADEN AUS SICHTBETON

Wie sich in den sechziger Jahren die Architektur der Champs-Élysées veränderte, zeigt beispielhaft der Umgang mit fünf historischen Gebäuden vom Ende des 19. Jahrhunderts am mittleren Abschnitt der Avenue. Es ging um die Hausnummern 82 bis 90, darunter das Palais Nr. 86, in dem einst die französische Schauspielerin Sarah Bernhardt wohnte, einer der ersten Weltstars. Der libanesische Bankier Yousef Beidas hatte die Gebäude sukzessive erworben und stellte den Antrag auf Abriss, um auf den fünf Parzellen einen durchgehenden Neubau von 60 Metern Länge mit acht Geschossen und einem unterirdischen Parkhaus mit vier Ebenen zu errichten. Die Genehmigung dafür bekam er 1964. Ein Jahr zuvor konnte der Geschäftsmann Roland Pozzo di Borgo die Fassade des Palais von Sarah Bernhardt erwerben. Er ließ sie abtragen und in der zentralfranzösischen Sologne wieder aufbauen. Die geplante Rasterfassade aus Betonfertigteilen sorgte über Monate für eine heftige Architekturdebatte, viele fanden Ausmaße und Fassadenmaterial unangemessen für die historische Prachtstraße. Aber das Haus wurde so gebaut.

Da die Betonoberflächen über die Jahrzehnte schäbig geworden waren, beauftragte man 2009 Jean Nouvel mit einem Umbau inklusive neuer Fassade. Der sonst für avantgardistische Entwürfe bekannte Architekt wählte für die neue Verkleidung Sandstein aus Saint-Maximin, mit dem man einst viele der historischen Gebäude an der Avenue verkleidet hatte. »Das ist die Farbe von Paris«, sagte Nouvel, »sie gehört zu den Champs-Élysées.«

So wie auch politische Demonstrationen zur Avenue gehören. Eine der größten in der Geschichte der Straße formierte sich am 30. Mai 1968. Vorausgegangen waren wochenlange heftige Proteste von Studenten in ganz Frankreich, bei denen es anfangs um bessere Studienbedingungen ging, die sich dann aber auswuchsen zu einer grundsätzlichen Kritik am politischen Establishment. In Paris eskalierten die Demonstrationen, es gab Straßenbarrikaden und Hunderte Verletzte. Arbeiter schlossen sich den Studenten an, traten in den Streik und besetzten Unternehmen. Der führende Politiker der Linken, François Mitterrand, beklagte ein »Machtvakuum« und erklärte seine Kandidatur für die von ihm geforderte vorgezogene Präsidentschaftswahl. Staatschef Charles de Gaulle hatte sich

Abb. 37. Als Kinos und Neonleuchten das Bild der Champs-Élysées bestimmten: Abendstimmung in den späten 1950er Jahren.

Abb. 38. Wie viele Prominente bei ihrem Paris-Besuch ließen sich 1964 auch die Beatles auf den Champs-Élysées fotografieren.

lange zurückgehalten. Aber am Nachmittag des 30. Mai hielt er eine Radio-Ansprache, in der er die Auflösung der Nationalversammlung ankündigte und Neuwahlen für das Parlament im Juni. Er sei der legitime Inhaber der Staatsmacht, so de Gaulle, und stelle sich der »Subversion« entgegen. »Frankreich ist von einer Diktatur bedroht. Man will es zwingen, sich mit einer Macht abzufinden, die sich in der nationalen Verzweiflung durchsetzen würde, wobei diese Macht natürlich hauptsächlich die des Siegers wäre, d. h. die des totalitären Kommunismus. [...] Nun, nein! Die Republik wird nicht abdanken, das Volk wird wieder zu sich finden. Der Fortschritt, die Unabhängigkeit und der Frieden werden mit der Freiheit siegen! Es lebe die Republik! Es lebe Frankreich!«

De Gaulles Ansprache von knapp drei Minuten mobilisierte seine Anhänger: Eine dichte Menschenmenge begab sich auf die Place de la Concorde, um die Champs-Élysées hinaufzuziehen. Michel Debré, der ehemalige Premierminister des Generals, führte den Zug an, neben ihm Kulturminister André Malraux. Der Marsch der Gaullisten sollte schweigend ablaufen, aber bald hörte man – als Antwort auf die Slogans der Studenten – »Cohn-Bendit, der Rotschopf, in Peking!« oder »Die Kommunisten an die Pfähle!« und auch »De Gaulle ist nicht allein« oder »Die Flagge ist blau-weiß-rot«.

Als Teilnehmerzahl gab die gaullistische Propaganda eine Million Demonstranten an, Historiker gehen eher von 400 000 bis 500 000 Menschen aus. Auf jeden Fall wurde die Demonstration für die Rechten ein mythischer Moment: Es war der Tag, an dem sie in Massen auf die Straße gingen, um sich dem Chaos entgegenzustellen. Unter ihnen war auch ein 13-jähriger Schüler namens Nicolas Sarkozy. 39 Jahre später wird er Frankreichs Staatspräsident.

DAS BEKANNTESTE LIED ÜBER DIE CHAMPS-ÉLYSÉES

Im Sommer jenes turbulenten Jahres begann der Siegeszug eines Liedes, das wie ein heiteres Gegenprogramm zu den Studentenunruhen daherkam. Es hieß *Les Champs-Élysées* und war eine Liebeserklärung an die Avenue – bis heute das einzige bekannte Lied über die Straße. Interessanterweise war der Sänger kein Franzose, sondern der gebürtige Amerikaner Joe Dassin, und die Musik stammte auch nicht von einem französischen Komponisten, sondern von einem Briten.

Joe Dassin war erst vergleichsweise spät zur Musik gekommen. Er wurde in New York City geboren und lebte später in Los Angeles, bis sein Vater Jules Dassin, ein Regisseur, 1950 wegen vermuteter

Sympathie für den Kommunismus auf die schwarze Liste Hollywoods kam und die Familie nach Europa zog. Joe Dassin besuchte verschiedene Schulen in der französischen Schweiz, kehrte dann in die USA zurück, wo er studierte und einen Abschluss in Anthropologie machte. Nach seinem Umzug nach Frankreich arbeitete er als Techniker für seinen Vater und trat als Schauspieler in Nebenrollen auf, unter anderem in *Topkapi* (1964). Seine künftige Frau Maryse Massiéra stellte einen Kontakt zu *CBS Records* her, wo er erfolglos mehrere Songs veröffentlichte. Der Song *Bip bip* machte ihn 1965 über das Radio bekannt. Sein Durchbruch war die Single *Siffler sur la colline*, die mehr als 300 000 Mal verkaufte. Immer wieder musste er seine Karriere aus gesundheitlichen Gründen unterbrechen, Herzprobleme begleiteten ihn seit seiner frühen Jugend.

Im April 1969 erlitt Dassin einen Herzinfarkt. Aber er kam schnell wieder auf die Beine und brachte vier Monate später, am 15. August, einen Song heraus, der sein berühmtester werden sollte: *Les Champs-Élysées*, eine von Pierre Delanoë ins Französische übertragene Version von *Waterloo Road*, einem Lied von Lionel Morton, das zuvor in Großbritannien veröffentlicht worden war. *Les Champs-Élysées* wurde 600 000 Mal verkauft und in mehrere Sprachen übersetzt. In Moskau war Dassin zeitweise populärer als die Beatles. In der deutschen Fassung machte man aus dem französischen »Aux Champs-Élysées« (auf den Champs-Élysées) den Ausruf »Oh, Champs-Élysées!« Der deutsche Refrain lautete: »Sonne scheint, Regen rinnt / Ganz egal, wir beide sind / So froh wenn wir uns wiedersehn / oh, Champs-Elysées.« Bis zu seinem frühen Tod verkaufte Joe Dassin weltweit über 50 Millionen Platten, davon fast 17 Millionen in Frankreich. Er starb am 20. August 1980 im Alter von 41 Jahren während eines Urlaubs auf Tahiti an einem Herzinfarkt. Sein Grab ist auf dem Hollywood Forever Cemetery.

Abb. 39. Der amerikanische Sänger Joe Dassin landete 1969 mit »Les Champs-Élysées« einen Welt-Hit. Neben ihm die Sängerin Gigliola Cinquetti.

Ein Lied anderer Art stimmte Valéry Giscard d'Estaing im Präsidentschafts-Wahlkampf 1974 an: *Le Chant du Départ* (Das Lied des Aufbruchs), ein Revolutions- und Kriegslied aus dem Jahr 1794. Der damalige Finanz- und Wirtschaftsminister – und leidenschaftliche Akkordeon-Spieler – gewann am 27. Mai die Stichwahl gegen François Mitterrand und wurde neuer Staatschef Frankreichs. Mit 48 Jahren war er der jüngste Präsident der Fünften Republik und der drittjüngste in der französischen Geschichte (und sollte dies bis zur Wahl von Emmanuel Macron 2017 bleiben). Giscard nutzte schon den Tag seiner Amtseinführung, um auf den Champs-Élysées ein Zeichen für seinen Reformwillen zu setzen. Er brach mit der Tradition, dass der Präsident im offenen Wagen über die Avenue fährt. Stattdessen ging er die Champs-Élysées zu Fuß hinauf, um dann Blumen auf das Grab des Unbekannten Soldaten unter dem Triumphbogen zu legen – ohne Pomp, ohne Soldaten, nur begleitet von den Vertretern der höchsten staatlichen Institutionen.

Bei seiner kurzen Antrittsrede im Élysée-Palast trug er nicht den traditionellen Frack, sparte aber nicht an Pathos. »Von diesem Tag an datiert eine neue Ära der französischen Politik«, sagte er. »Ich werde den Wandel herbeiführen, aber ich werde ihn nicht allein herbeiführen. [...] Ich höre noch immer das gewaltige Raunen des französischen Volkes, das uns um den Wandel gebeten hat. Wir werden diesen Wandel mit ihm, für es, so wie es in seiner Zahl und in seiner Vielfalt ist, herbeiführen, und wir werden ihn insbesondere mit seiner Jugend herbeiführen.«

Giscard d'Estaing nahm während seiner Präsidentschaft noch weitere symbolische Veränderungen vor. Er ordnete an, die französische Nationalhymne (La Marseillaise) in einem langsameren Tempo zu spielen, um sie weniger kriegerisch klingen zu lassen. Das Blau und Rot der französischen Flagge ließ er aufhellen. Er schaffte die offiziellen Feiern zum Tag der Befreiung am 8. Mai ab und führte stattdessen einen »Europatag« ein. Die traditionelle Neujahrsansprache hielt er gemeinsam mit seiner Frau. Er initiierte eine neue Briefmarkenserie der französischen Post, auf der die Revolutionsikone Marianne durch ein Bild der Sabinerin Hersilia, einer Figur der römischen Mythologie, ersetzt wurde, die ein Symbol der Versöhnung und Eintracht sein sollte. Zudem ließ er auf den Briefmarken die Beschriftung »République française« zu »France« verkürzen. Es war bezeichnenderweise der Sozialist François Mitterrand, der als Nachfolger Giscards im Amt des Staatspräsidenten die meisten dieser Innovationen wieder rückgängig machte. Mitterrand und die Präsidenten danach fuhren am Tag ihrer Amtseinführung wieder im offenen Wagen über die Champs-Élysées.

GISCARD HOLT DIE TOUR DE FRANCE
AUF DIE AVENUE

Auf Giscard geht auch eine Neuerung für die Prachtstraße zurück, die seine Amtszeit – und sogar seinen Tod – überdauerte: dass nämlich jedes Jahr die letzte Etappe der Tour de France auf den Champs-Élysées endet. Bis dahin war das Ziel am Parc des Princes und später am Velodrome de Vincennes. Die Idee, das berühmteste Radrennen der Welt auf den Champs-Élysées enden zu lassen, stammte vom französischen Fernseh- und Rundfunk-Moderator Yves Mourousi. Er besprach seinen Einfall mit dem langjährigen Tour-Direktor Jacques Goddet und dessen Co-Direktor Félix Levitan, die ihn beide ermunterten, den direkten Kontakt zu Giscard zu suchen, der ein Freund des Radsports war. Der Präsident zeigte sich begeistert und gab nach kurzer Bedenkzeit grünes Licht. Zum ersten Mal überreichte Giscard am 20. Juli 1975 das Gelbe Trikot an den Franzosen Bernard Thévenet, wobei der Präsident Wert darauf legte, dass das Trikot keinerlei Werbung enthielt. Es sollte noch zweiundzwanzig Jahre dauern, bis 1997 mit Jan Ullrich der erste und bisher einzige Deutsche auf den Champs-Élysées triumphierte. Seit 1975 wird die Avenue also an zwei Tagen im Jahr gesperrt: am 14. Juli, dem französischen Nationalfeiertag, für die große Militärparade und am letzten Sonntag im Juli für die Ankunft der Tour de France.

Ende der siebziger Jahre wiederholte sich die Debatte über moderne Neubauten auf den Champs-Élysées, die schon zehn Jahre zuvor geführt worden war. Wieder ist es der libanesische Bankier Yousef Beidas, der drei historische Palais erworben hat, die Hausnummern 24, 26 und 28 am Beginn der Avenue. Erneut will er die Bauten abreißen und durch ein modernes Geschäftshaus ersetzen. Da er in finanzielle Schwierigkeiten gerät, übernehmen Repräsentanten des Libanon, von Kuwait und Katar das Projekt. Der Streit

Abb. 40. Demonstration von Studenten auf den Champs-Élysées 1976.
Der junge Mann rechts mit dem dunklen Schal ist der 21-jährige Nicolas
Sarkozy, der 41 Jahre später französischer Staatspräsident wird.

über die nüchterne Architektur mit einer Fassade aus Sichtbeton ruft das zuständige Ministerium und die Stadt Paris auf den Plan. Ersteres plädiert für eine moderne Lösung, die Stadtverwaltung für eine stärkere Anlehnung an die Architektur der Ära Haussmann. Der damalige Bürgermeister Jacques Chirac mischt sich ein, sogar Staatspräsident Valery Giscard d'Estaing, der den Vertretern Kuwaits die gewünschte Ausnutzung des Grundstücks zusagt. Was die Fassade betrifft, wird ein Kompromiss beschlossen. Aber auch diese Betonfassade hatte keinen Bestand. Der Architekt Franklin Azzi ersetzte sie 2023 durch eine weitgehend verglaste Fassade.

Zwischen Dezember 1985 und September 1986 erschütterte eine Welle von dreizehn Bombenanschlägen das Land. Hintergrund war, dass sich Frankreich weigerte, die faktische Herrschaft der Hisbollah über einen Teil des Libanon zu akzeptieren, und stattdessen versuchte, deren Vormarsch zu stoppen. Zu den Anschlägen, bei denen dreizehn Menschen ums Leben kamen und mehr als 300 verletzt wurden, bekannte sich ein »Solidaritätskomitee für politische arabische und Nahost-Gefangene«, das mit der Hisbollah verbunden war. Auch die Champs-Élysées waren betroffen. Am Abend des 3. Februar explodierte eine in einem Mülleimer deponierte Bombe in der Einkaufspassage *Claridge* und verletzte acht Menschen, eine weitere Bombe entschärften Sicherheitskräfte am selben Tag unter dem Eiffelturm. Am 20. März, dem Tag des Amtsantritts von Premierminister Jacques Chirac, explodierte eine weitere Bombe am Eingang der Galerie *Point Show*, es gab zwei Todesopfer und 29 Verletzte. Trotz der allgegenwärtigen, schwer bewaffneten Polizei blieben viele Menschen den Champs-Élysées fern. Am 14. September sah der Geschäftsführer des *Pub Renault* ein verdächtiges Paket unter einem Tisch. Zwei Polizisten entdeckten darin eine Bombe und brachten sie in den Keller des Gebäudes, wo sie explodierte. Die beiden waren sofort tot.

Abb. 41. Zum ersten Mal fuhr 1986 ein Formel-1-Wagen über die Champs-Élysées: am Steuer Alain Prost, der kurz zuvor Weltmeister geworden war.

Abb. 42. Von vielen Parisern kritisch beäugt, eröffnete 1988 das erste »McDonald's«-Restaurant auf den Champs-Élysées.

Ende des Jahres sorgte eine Premiere auf den Champs-Élysées für willkommene Abwechslung: Am 19. Dezember 1986 fuhr zum ersten Mal ein Formel-1-Wagen die Avenue hinauf. Am Steuer des *Williams* saß – ohne Helm – Alain Prost, der gerade Weltmeister geworden war. Schon ein Jahr zuvor hatte er den Titel geholt, aber damals war offenbar niemand auf die Idee gekommen, ihn für eine Ehrenrunde auf die Champs-Élysées zu schicken. Sieben Jahre später, mit 38 Jahren, wird er nach seinem vierten und letzten Weltmeistertitel noch einmal über die Avenue fahren, bevor er sich zur Ruhe setzt. 2004 umkurvt der deutsche Rekord-Fahrer Michael Schumacher mit seinem *Ferrari*-Boliden den Triumphbogen (s. S. 131).

Nachdem schon in den siebziger Jahren mehrere Kinos auf den Champs-Élysées Nachtclubs gewichen waren, schloss im März 1988 das *Colisée*, das älteste Kino auf der Avenue, dessen Geschichte 1913 begonnen hatte. Das historische Gebäude wurde abgerissen und durch einen Neubau ersetzt. Einer der wenigen verbliebenen Fixpunkte für die Filmkunst auf den Champs-Élysées war das Galadiner im *Fouquet's*, das von 1979 an jedes Jahr im Anschluss an die Verleihung der *Césars*, der französischen Filmpreise, stattfand.

Doch auch dieses legendäre Restaurant von 1899 wäre beinahe verschwunden. Zum Ablauf des Pachtvertrags 1988 kündigte der Besitzer des Hauses, ein kuwaitisches Konsortium, dem Gastwirt, um dort eine Kunst-Galerie und andere Geschäfte zu eröffnen. Ein Unterstützungskomitee mit Jean-Paul Belmondo an der Spitze rettete das *Fouquet's*, indem es den sozialistischen Kulturminister Jack Lang um Unterstützung bat, der schließlich das Erdgeschoss des Restaurants sowie den Saal und die Salons des Zwischengeschosses unter Denkmalschutz stellte. Seit der umfangreichen Renovierung des *Fouquet's* 2017 erinnern Fotos an den Wänden an die französischen und internationalen Filmstars, die hier Gäste waren und sind. Auf deren jeweilige Lieblingsplätze verweisen Messingschilder in der Nähe der Tische. Etwa 200 Stammgäste besitzen einen persönlichen silbernen Serviettenring mit ihrem Namen.

MCDONALD'S EROBERT DIE CHAMPS-ÉLYSÉES

Wie eine angelsächsische Invasion erschien manchen Franzosen 1988 die Eröffnung von zwei Filialen von Global Playern auf den Champs-Élysées: *McDonald's* und *Virgin*. Zwar gab es in Paris schon seit 1982 Läden der amerikanischen Burger-Kette, aber diese befanden sich an wenig prominenten Lagen und waren schlecht geführt. Um den *McDonald's* in der Nähe der Gare St. Lazare zu betreten, mussten die Kunden durch eine Passage mit einem Pornokino gehen, in einer anderen Filiale kritisierte die Gewerbeaufsicht mangelnde Hygiene. Aus dem Pariser Rathaus warnte man die Leiter der 20 Arrondissements vor *McDonald's* in ihren Vierteln. Aber mit der Eröffnung eines repräsentativen Restaurants mit 400 Sitzplätzen auf den Champs-Élysées im Mai 1988 begann eine Erfolgsgeschichte. Die Filiale auf der Prachtstraße entwickelte sich zum umsatzstärksten *McDonald's* weltweit (vor dem im Disney Village in Marne-la-Vallée, dem am Puschkinplatz in Moskau und dem in La Défense bei Paris).

Im November 1988 weihte der britische Unternehmer Richard Branson auf den Champs-Élysées seinen ersten *Virgin Megastore* in Frankreich ein. Er hatte sich dafür das neoklassizistische Gebäude ausgesucht, das 1931 für die *First National City Bank* errichtet worden war. In das 15 Meter hohe, mit Marmor verkleidete Foyer, wo man einst die Bankkunden empfing, strömten jetzt Musik- und Filmfans, um in dem nach Unternehmensangaben »größten Musikladen der Welt« zu stöbern, mit Künstlern und Filmemachern ins Gespräch zu kommen oder Konzerte zu erleben. 25 Jahre lang war er mit seinen langen Öffnungszeiten ein populärer Treffpunkt. Kurz nach dem Verkauf des Gebäudes 2012 an eine Investment-Agentur aus Katar musste der *Virgin Megastore* Insolvenz anmelden. 2019 eröffneten dort die *Galeries Lafayette* ein Luxuskaufhaus.

Höhepunkt der achtziger Jahre in Paris waren 1989 die Feierlichkeiten zum 200. Jahrestag der Französischen Revolution. Staatspräsident François Mitterrand konnte der Öffentlichkeit zwei seiner »Grands Projets« präsentieren. Am 29. März eröffnete er die gläserne Pyramide des chinesisch-amerikanischen Architekten I. M. Pei im Hof des Louvre und am 14. Juli, dem Nationalfeiertag, den monumentalen Kubus der Grande Arche im Büroviertel La Défense. Beide Bauwerke akzentuieren in moderner Formensprache die königliche Achse nach Westen, fügen sich aber mit ihrer klassisch-archaischen Geometrie zugleich in die französische Bautradition ein.

Die Grande Arche mit ihren 100 Metern Höhe und annähernd gleicher Breite und Tiefe, ein Entwurf des dänischen Architekten Johan
Otto von Spreckelsen, bildet wie ein moderner Triumphbogen den
neuen, weithin sichtbaren Abschluss der acht Kilometer langen
städtebaulichen Achse, die in der Cour Carrée des Louvre beginnt
und über die Pyramide, den Obelisken auf der Place de la Concorde,
die Champs-Élysées und Napoleons Triumphbogen bis nach La
Défense führt.

Am Abend des 14. Juli 1989 führte ein zweistündiger Festzug über
die Champs-Élysées, der via Fernsehen in mehr als hundert Länder übertragen wurde. Der sozialistische Kulturminister Jack Lang
hatte den Grafikdesigner und Werbefachmann Jean-Paul Goude
mit der Inszenierung dieses auch politisch wichtigen Spektakels
beauftragt. Eine Million Menschen entlang der Avenue verfolgten
das Defilee, für das man 8000 Akteure engagiert hatte. »Goude
mischte mit seiner Schau *La Marseillaise* Völker und Musiken und
machte so das Ideal der multikulturellen Gesellschaft sichtbar und
hörbar«, schreibt Thankmar von Münchhausen in seiner Geschichte
der Stadt Paris. Zum Abschluss trat die amerikanische Sopranistin
Jessye Norman, in die Trikolore gehüllt, vor den Obelisken auf der
Place de la Concorde und sang die Marseillaise. Von der Terrasse des
Marine-Ministeriums folgten die Ehrengäste hinter kugelsicherem
Glas dem Schauspiel.

Während Frankreich seiner politischen Umwälzungen vor
200 Jahren gedachte, erlebte Osteuropa seine eigene Revolution:
In Polen, Ungarn, der Tschechoslowakei und Rumänien stürzten
die kommunistischen Regime. Am 9. November 1989 fiel die Berliner Mauer, und eine neue Epoche begann. Auch für die Champs-Élysées – wenn auch aus anderen Gründen.

Abb. 43. Bürgermeister Jacques Chirac beschloss 1989 einen Umbau der Avenue. Unter anderem wurde eine zweite Reihe von Bäumen gepflanzt.

V. KAPITEL: ab 1989
DER GRÜNE BOULEVARD

Die Öffnung der Berliner Mauer löste auch bei vielen Franzosen große Emotionen aus – die aber, besonders bei französischen Politikern, einhergingen mit einer gewissen Skepsis gegenüber einem vereinten Deutschland. Es dauerte zehn Jahre, bis die Pariser Stadtverwaltung beschloss, an den Champs-Élysées einen Gedenkstein zur Erinnerung an das historische Ereignis aufzustellen. Dabei verband beide Metropolen seit 1987 eine Städtepartnerschaft. Enthüllt wurde der Stein am 17. März 2000 von Berlins Regierendem Bürgermeister Eberhard Diepgen und seinem Pariser Amtskollegen Jean Tiberi. Er steht etwas versteckt zwischen dem Théâtre du Rond-Point und dem Grand Palais, ganz in der Nähe der Deutschen Botschaft, die sich in der Avenue Franklin Delano Roosevelt befindet. Die Inschrift lautet: »En souvenir de la chute du mur de Berlin le 9 Novembre 1989«. Davor befanden sich über die Jahre wechselnde Bepflanzungen, mal war es eine kleine Buchsbaumhecke mit dem Umriss des Berliner Bären, mal eine Blumenfolge in Schwarz-Rot-Gelb, gelegentlich auch einfach nur Wildwuchs.

Als folgenreicher für die Champs-Élysées sollte sich erweisen, dass im März 1989 Jacques Chirac erneut zum Bürgermeister von Paris gewählt worden war. Denn der Gaullist hatte sich einen grundlegenden Umbau der Prachtstraße vorgenommen, einen der größten in ihrer Geschichte. Im Januar 1990 stellte er seinen Plan zur Verschönerung vor. »Die Avenue des Champs-Élysées ist das Symbol der Stadt, die prestigeträchtigste Straße von Paris«, sagte Chirac, »doch ihr Image hat im Laufe der Zeit gelitten, ihre Banalisierung schien unumkehrbar zu sein. Sie muss ihrem Ruf als schönste

Abb. 44. Die Champs-Élysées als Bühne des Luxus: Der Schauspieler Alain Delon präsentierte 1991 den Bugatti Eb 110.

Promenade der Welt wieder gerecht werden.« Chiracs Befund war nicht von der Hand zu weisen. Seit Mitte der achtziger Jahre prägten zunehmend Hamburger-Restaurants und Straßenhändler die Avenue, die Löcher im Straßenbelag wurden zahlreicher und größer, die Bäume waren krank, die Mülltonnen quollen über, viele Autos an der Avenue standen halb auf den Bürgersteigen. Auch die Architektur einiger Neubauten stieß auf Kritik.

In Zusammenarbeit mit dem *Comité Champs-Élysées* entstand eine Arbeitsgruppe unter der Leitung des Architekten Pierre-Yves Ligen, einem Pionier des *Atelier parisien d'urbanisme*, das 1967 gegründet worden war und sich zur wichtigsten Institution für die Stadtplanung der Metropole entwickelt hatte. Vorrangiges Ziel war, den Fußgängern auf den Champs-Élysées mehr Platz zu geben. Deshalb sollten die schmaleren Fahrspuren zu beiden Seiten der Avenue geschlossen und die Bürgersteige entsprechend verbreitert werden. Um den Verlust der Parkplätze zu kompensieren, waren zwei Tiefgaragen mit zusammen 850 Plätzen vorgesehen. Und man wollte mehr Grün auf den Champs-Élysées: Eine zweite Reihe von Bäumen war geplant, auch um eine Kontinuität mit dem unteren Teil der Straße und ihren Parks herzustellen. Die Schankterrassen der Cafés und Restaurants sollten stilistisch aus einem Guss sein, ebenso das Straßenmobiliar, Bushaltestellen, Telefonzellen, Bänke, Mülleimer, Leuchten und Ampeln. Für die Bürgersteige war ein neuer, einheitlicher Granitbelag vorgesehen.

Chirac hatte auch von einem wachsenden Gefühl der Unsicherheit bei den Passanten gesprochen. In den achtziger Jahren machten Jugendliche aus den Pariser Vorstädten die Champs-Élysées zunehmend unsicher. Im ersten Halbjahr 1993 registrierte man 651 Straftaten, darunter 263 Fälle von Straßenkriminalität, vor allem Taschendiebstahl, aber auch drei Raubüberfälle. Die Behörden verstärkten die Polizeipräsenz, Sicherheitsbeamte patrouillierten rund um die Uhr.

Nach zweieinhalb Jahren Bauzeit und Investitionen von 240 Millionen Francs (umgerechnet rund 40 Millionen Euro) wurden die neuen Champs-Élysées am 26. September 1994 eingeweiht, ein Jahr früher als geplant. Um 20.35 Uhr setzte Bürgermeister Chirac mit einem symbolischen Knopfdruck die neue Beleuchtung in Betrieb und löste damit eine grüne Welle aus, die die gesamte Avenue überflutete.

Nur zwei Monate zuvor, am 14. Juli, dem Nationalfeiertag Frankreichs, war es zu einer hochsymbolischen Szene für die deutschfranzösischen Beziehungen gekommen. Deutsche Soldaten des Eurokorps nahmen an der traditionellen Parade auf den Champs-Élysées teil. Zum ersten Mal seit dem Ende des Zweiten Weltkriegs defilierten deutsche Soldaten in Paris. Die Geste des französischen

Abb. 45. Zur Amtseinführung als Präsident fährt Jacques Chirac 1995 die
Champs-Élysées hinunter. Im Hintergrund Obelisk und Louvre.

Abb. 46. Die linke Fassade der einstigen »Maison de France« von 1931 wurde 1995 im gleichen Stil um fünf Achsen verlängert (vgl. S. 80).

Staatspräsidenten François Mitterrand war durchaus umstritten, es gab im Vorfeld Diskussionen. Aber wie Umfragen ermittelten, war die französische Bevölkerung zu rund 60 Prozent für eine deutsche Beteiligung an der Parade.

Seit 1992 gab es auf den Champs-Élysées eine neue Adresse für Nachtschwärmer: Der Club-Betreiber Philippe Fatien, bekannt geworden als Besitzer der Lokale *Mix Club*, *Le Cabaret*, *Chez Castel* und des Restaurants *Le Queenie*, eröffnete im Gebäude Champs-Élysées Nr. 102, in dem einst das Kino *Mercury* war, das *Studio 102*. Die Musik mixte ab 1993 der damals 26-jährige David Guetta, der später eine Weltkarriere machte. Nach der Umbenennung in *Queen* erlangte der Club einen internationalen Ruf durch die Qualität seiner Partys, die zu den angesagtesten in der Hauptstadt gehörten. Die Kundschaft war überwiegend schwul, und die Auswahl am Eingang galt als sehr selektiv. Der Eintritt war frei, außer an Wochenenden. Designer wie Paco Rabanne, Vivienne Westwood, Versace, Azzaro, Kenzo, Agnès B. und Jean Paul Gaultier veranstalteten im *Queen* Modenschauen, Parfüm-Präsentationen und Partys. Ende der neunziger Jahre änderte der Club allmählich seine Klientel und öffnete sich für ein heterosexuelles Publikum. Diese Entwicklung trug aus der Sicht vieler Stammgäste zum Niedergang des Lokals bei, für sie hatte es seine ursprüngliche Atmosphäre verloren. 2015 zog das *Queen* in das Gebäude Champs-Élysées Nr. 79, drei Jahre später schloss es für immer.

1995 war der ungewöhnlichste Umbau eines Gebäudes an den Champs-Élysées vollendet. Es ging um das markante Eckhaus, das 1931 als *Maison de France* an der Einmündung der Avenue George V. errichtet worden war. Mehr als ein halbes Jahrhundert später wirkte die sachliche Fassade mit ihren Art-déco-Anklängen immer noch so überzeugend, dass das Haus 1991 auf die Liste der Baudenkmäler kam. Der neue Eigentümer ließ es auf der Seite zur Avenue George V. um mehr als das Doppelte verlängern. Den Anbau verkleidete man mit einer Kopie der Fassade von 1931, sodass jeder, der die Baugeschichte nicht kennt, glaubt, dass das gesamte Gebäude aus den dreißiger Jahren stammt. Es ist eine jener architektonischen Interventionen, von denen kaum jemand weiß, die aber wesentlich zur Schönheit und Geschlossenheit einer Prachtstraße wie den Champs-Élysées beitragen. 1996 eröffnete dort *Louis Vuitton* einen Flagship-Store, der auf fünf Etagen 2000 Quadratmeter Verkaufsfläche bot.

DAS DEFILEE DER FUSSBALLWELTMEISTER

Im Sommer 1998 erlebte die Avenue eines der rauschendsten Feste der französischen Nachkriegsgeschichte. Bei der Fußballweltmeisterschaft in Frankreich gewannen die »Bleus« am 12. Juli das Finale gegen Brasilien im Stade de France mit einem 3:0, zu dem Zinédine Zidane zwei Kopfballtore beisteuerte. Zum ersten Mal wurde Frankreich Fußballweltmeister, noch dazu im eigenen Land – die Nation war im siebten Himmel. Der bekannte Sportkommentator Thierry Roland sagte, ergriffen vor Glück: »Ich glaube, nachdem man das gesehen hat, kann man ruhig sterben.« Unmittelbar nach dem Spiel strömten Hunderttausende Pariser und Bewohner der Vorstädte auf die Champs-Élysées, um den Sieg zu feiern. Auf den abendlich illuminierten Triumphbogen projizierte man u. a. das Gesicht des neuen Nationalhelden Zinédine Zidane, darüber erschien in blauen Buchstaben der Schriftzug »Merci Zizou« – das war sein Spitzname. Am nächsten Tag hatte der Doppeldecker-Bus mit den Spielern Mühe, sich seinen Weg die Champs-Élysées hinunter durch das Meer von Fans zu bahnen. Die Siegesfeier auf der Avenue dauerte fast zweieinhalb Stunden. Alles blieb friedlich.

Am 14. Juli 2002 wurde Staatspräsident Jacques Chirac auf den Champs-Élysées Opfer eines versuchten Attentats. Er war auf dem Weg die Avenue hinunter, um aus Anlass des Nationalfeiertages auf der Ehrentribüne an der Place de la Concorde Platz zu nehmen, als der 25-jährige Maxime Brunerie, ein rechtsextremer Aktivist und Mitglied der neonazistischen Splittergruppe *Unité radicale*, auf den Präsidenten schoss. Aber er verfehlte sein Ziel. Später sagte er, er habe Chirac und anschließend sich selbst töten wollen. »Ich hatte keinen besonderen Hass auf Jacques Chirac, es hätte auch jemanden anderen treffen können.« Maxime Brunerie erhielt 2004 eine Haftstrafe von zehn Jahren, wurde aber 2009 entlassen.

Die große Bühne der Champs-Élysées nutzte im Dezember 2004 auch der Rennfahrer Michael Schumacher. Nach seinem siebten und letzten Weltmeisterschaftstitel steuerte er seinen Formel-1-Boliden die Champs-Élysées hinauf, umkurvte den Triumphbogen und fuhr die Avenue wieder hinunter, bis er vor lauter Fans kaum vorankam. Er führte eine Parade von mehreren *Ferraris* an: Hinter ihm fuhr Teamchef Jean Todt im Supersportwagen *Enzo*, die früheren französischen *Ferrari*-Piloten René Arnoux und Patrick Tambay sowie Testpilot Felipe Massa folgten in weiteren Straßensportwagen aus Maranello. Das Defilee sollte zugleich aufmerksam machen auf die Zusammenarbeit zwischen dem französischen Gesundheitsministerium und dem von Schumacher und Todt unterstützten Institut für Hirn- und Rückenmarkkrankheiten. Genau neun Jahre später verunglückte Schumacher beim Skifahren im französischen Meribel und erlitt ein schweres Schädel-Hirn-Trauma. Seitdem liegt er im Koma.

Die Champs-Élysées hatten sich mittlerweile zu einer der größten Einkaufsstraßen der Welt entwickelt. Mit rund 70 Millionen Besuchern pro Jahr, davon etwa drei Viertel Franzosen, rangierte die Avenue weit vor der Fifth Avenue in New York, der Bond Street und Regent Street in London, der Orchard Road in Singapur oder der Causeway Bay in Hongkong. Und die sogenannte Konversionsrate war hoch. Diese beschreibt die Zahl der Käufer im Verhältnis zur Zahl der Kunden, die ein Geschäft betreten. Auf den Champs-Élysées machten die Läden bei vergleichbarer Größe 30 Prozent mehr Umsatz als der Durchschnitt im Zentrum von Paris.

Angesichts dieser Rentabilität drängten mehr Marken auf die Avenue, als es freie Ladenlokale gab – was zu einem rasanten Anstieg der Mieten führte. Die Textilunternehmen mit ihren Margen konnten damit noch am besten umgehen. *Abercrombie & Fitch* etwa zahlte rund 3,5 Millionen Euro pro Jahr für eine Fläche von

*Abb. 47. Hier kommen die Fußballweltmeister 1998: Der Bus mit der Équipe
Tricolore bahnt sich seinen Weg durch die feiernden Fans.*

Abb. 48. Die erste Glasfassade an den Champs-Élysées aus den 1970er Jahren wurde 2004 avantgardistisch aufgehübscht.

1800 Quadratmetern. Das rechnete sich, denn der Laden machte innerhalb von nur zwei Wochen nach der Eröffnung einen Umsatz von vier Millionen Euro. Aber die steigenden Mieten schadeten der Vielfalt auf den Champs-Élysées: Kinos, Spielzeugläden, Buchhandlungen und selbst manche Restaurants konnten nicht mehr mithalten und gaben auf.

Nach der Diskussion um die Ansiedlung von *Hennes & Mauritz* im Jahr 2006 entschied sich die französische Regierung, zu handeln. Sie beauftragte die Stadtverwaltung von Paris, die Industrie- und Handelskammer, das *Comité Champs-Élysées* und die Firma *Clipperton Développement* mit der Ausarbeitung eines Plans für die kommerzielle Entwicklung der Avenue. Die Schlussfolgerungen des Berichts knüpften an die Vorschläge des Architekten Pierre-Yves Ligen zum großen Umbau der Champs-Élysées aus dem Jahr 1992 an. Sie sahen »Maßnahmen zur Aufrechterhaltung, Wiederaufnahme oder Neuentstehung von Aktivitäten vor, die auf die Tradition und das Erbe des Landes zurückgehen«. Die Kommission schlug vor, »die Aktivitäten, die zur Tradition und zum Prestige der Avenue beitragen (Kinos, Hotels und kulturelle Gebäude)« zu fördern. Um dies zu erreichen, empfahl sie die Ansiedlung von weniger luxuriösen Restaurants und Hotels, um ein breiteres Publikum zu erreichen. Auch Großveranstaltungen sollten »den außergewöhnlichen Charakter der Straße« stärken. Aber anders als 1992 entfalteten die neuen Empfehlungen kaum Wirkung. Stattdessen meldete die Immobilienbranche ein paar Jahre später einen neuen Rekord: Das Kosmetikhaus *Estée Lauder* zog in das Gebäude mit der Hausnummer 78 und zahlte eine Monatsmiete von 1500 Euro pro Quadratmeter.

TERROR, GELBWESTEN UND CORONA

Im Frühjahr 2017 begann für die Champs-Élysées eine Zeit, die man rückblickend als vier schwierige Jahre zusammenfassen könnte. Erst suchte der islamistische Terror die Avenue heim, es folgte ein Jahr mit teils gewalttätigen Protesten der Bürgerbewegung »Gilets Jaunes« (Gelbwesten), dann schränkte die Corona-Pandemie für lange Zeit das Alltagsleben ein und hielt die Touristen fern. Erst im September 2021, bei der von Christo geplanten Verhüllung des Triumphbogens, gingen wieder heitere Bilder von den Champs-Élysées um die Welt.

Schon seit dem 13. November 2015 hatte in Frankreich der Ausnahmezustand geherrscht. An dem Tag erschütterten sechs Attentate die Hauptstadt: am *Stade de France*, im Club *Bataclan* und an vier weiteren Orten. Dabei wurden 130 Menschen getötet und 683 verletzt. Am 14. Juli 2016, dem Nationalfeiertag, war in Nizza ein Islamist mit einem LKW absichtlich in eine Menschenmenge gefahren und hatte 86 Menschen getötet.

Am 20. April 2017 erreichte der islamistische Terror die Champs-Élysées, drei Tage vor der ersten Runde der französischen Präsidentschaftswahl. Diesmal war es ein Einzeltäter, der gegen 21 Uhr neben einem Polizeiauto parkte, das die Kultur- und Informationsabteilung der türkischen Botschaft im Gebäude mit der Hausnummer 102 schützen sollte, da dort eine Versammlung von Kurden angekündigt worden war. Der mit einem Sturmgewehr vom Typ Kalaschnikow bewaffnete Mann stieg aus, ging um das Polizeifahrzeug herum und feuerte durch die Frontscheibe auf den Polizisten Xavier Jugelé, der am Steuer saß. Der 37-Jährige starb durch zwei Kopfschüsse. Anschließend schoss der Angreifer auf die Polizisten, die vor der türkischen Kultur- und Informationsabteilung Wache standen, und verletzte einen 35-jährigen Polizisten schwer und einen anderen leicht. Der Angreifer starb im Gegenfeuer der Polizisten. Er wurde als Karim Cheurfi identifiziert, ein bekannter und mehrfach vorbestrafter Gefährder. Wegen versuchten Mordes an einem Polizeischüler war er 2005 zu 15 Jahren Haft verurteilt worden. Kurz nach dem Attentat bekannte sich die Terrororganisation Islamischer Staat zu dem Anschlag. Zwei Monate später gab es ein weiteres Attentat auf den Champs-Élysées, aber dieses schlug fehl. Der bewaffnete Täter rammte mit seinem Auto ein Polizeifahrzeug und starb dabei. Heute erinnert vor dem Gebäude mit der Hausnummer 102 eine Gedenktafel an den ermordeten Polizisten Xavier Jugelé.

Die angespannte Sicherheitslage war noch ein Jahr später zu spüren, als die französische Fußball-Nationalmannschaft als Sieger der Fußball-WM in Russland zurückkehrte und am 16. Juni 2018 auf den Champs-Élysées ihren zweiten Weltmeistertitel feierte. Mehr

Abb. 49. Jedes Jahr startet ein Prominenter die Weihnachtsbeleuchtung auf der Avenue. 2018 war es Karl Lagerfeld – drei Monate vor seinem Tod.

als 300 000 Menschen waren gekommen, um die »Bleus« mit dem Pokal zu sehen. Ein Großaufgebot an Polizisten und Absperrungen sorgten dafür, dass die Massen auf Abstand zum Team-Bus blieben. Zur Enttäuschung vieler Fans dauerte es nur zwölf Minuten, bis die Fahrt die Avenue hinunter vorbei war und das Treffen mit Präsident Emmanuel Macron im Élysée-Palast begann. Beim ersten Weltmeistertitel 20 Jahre zuvor waren es fast zweieinhalb Stunden gewesen.

Für Glanz auf den Champs-Élysées sorgte Ende des Jahres die traditionelle Illuminierung der Weihnachtsbeleuchtung durch eine bekannte Persönlichkeit. Seit 1980 hatte man dafür u. a. Liza Minnelli, Charles Aznavour, Alain Delon, Vanessa Paradis, Charlotte Gainsbourg und Diane Kruger engagiert. Zugleich wurde damit immer der Weihnachtsmarkt zwischen dem Rond-Point und der Place de la Concorde eröffnet. Am 22. November 2018 war es Karl Lagerfeld, der den Startschuss zum Lichterglanz gab. Um 19.20 Uhr drückte er auf den Knopf, und zum ersten Mal leuchtete die Avenue in der Farbe Rot. »Paris muss den Ruf der Stadt des Lichts behalten«, sagte Lagerfeld, »und die Champs-Élysées illustrieren diesen Ruhmestitel wie kein anderer Ort in der Stadt.« Für Gesprächsstoff sorgte, dass bei dem sichtlich gealterten 85-Jährigen mit jedem Lächeln mehrere Zahnlücken zu sehen waren – eine Nachlässigkeit, die sich der stets akkurat gestylte Modedesigner früher nie erlaubt hätte. Nur sein engstes Umfeld mag geahnt haben, dass dies sein letzter öffentlicher Auftritt in der Stadt werden würde. Lagerfeld starb drei Monate später, am 19. Februar 2019.

Nur zwei Tage nach der Illumination der Champs-Élysées übernahmen die »Gelbwesten« die Prachtstraße. Die landesweite Bürgerbewegung hatte mit Protesten gegen eine höhere Besteuerung von fossilen Kraftstoffen begonnen und dann auch eine Erhöhung der Löhne und Renten gefordert. In Paris wollten die Behörden den »Gelbwesten« für ihre Demonstrationen das Marsfeld zuweisen, aber diese zogen lieber auf die bekannteste Meile des Landes, die Champs-Élysées, um ihren Zorn zu artikulieren. Die Gewaltausbrüche schockierten viele Menschen. Man sah brennende Barrikaden, schwarze Rauchsäulen, die den Triumphbogen verdeckten, und zerstörte Straßenmöbel. Pflastersteine wurden mit Brecheisen aus dem Boden gelöst und auf Geschäfte und Polizisten geworfen. Die Sicherheitskräfte setzten Tränengas und Wasserwerfer ein und versuchten stundenlang, die Situation unter Kontrolle zu bringen. Immerhin gelang es ihnen, die Demonstranten auf der Avenue zu halten. Die von einem starken Aufgebot geschützte Place de la Concorde konnten sie nicht einnehmen. Auch in unmittelbarer Nähe der Champs-Élysées blieb es weitgehend ruhig. In den gehobenen Straßen des Viertels ging das Leben seinen üblichen Gang. Touristen

Abb. 50. Ausbruch der Gewalt: Im März 2019 hinterließ eine Demonstration der »Gelbwesten« auf den Champs-Élysées eine Spur der Verwüstung.

hatten Zugang zu den Luxushotels und konnten sie auch ungestört verlassen, die beheizten Terrassen der Cafés waren gut gefüllt.

Die Gewalt erreichte ihren Höhepunkt am 16. März 2019 mit heftigen Zusammenstößen zwischen Polizei und Demonstranten und mit Zerstörungen, die es zuvor auf der Avenue nicht gegeben hatte. Zahlreiche Randalierer und ein Schwarzer Block mit mehr als 1500 Personen versuchten, den Triumphbogen zu stürmen. Sie beschädigten 216 Geschäfte und plünderten 27, darunter die berühmte Brasserie *Fouquet's*. Die Behörden beklagten 79 Brände, darunter fünf Gebäudebrände, und fast alle Zeitungskioske auf der Straße waren zerstört. Dreißig Gendarmen, Polizisten und Feuerwehrleute wurden verletzt. Zum ersten Mal seit Beginn der »Gelbwesten«-Bewegung war Premierminister Edouard Philippe selbst an den Ort des Geschehens gekommen, um die Ordnungskräfte zu unterstützen – nur wenige hundert Meter von den Kämpfen auf den Champs-Élysées entfernt. Er sagte: »Was wir heute sehen, muss all jenen zu denken geben, die diese Taten entschuldigen oder fördern. Denn sie machen sich zu Komplizen.« Die Regierung suspendierte den Polizeipräfekten von Paris und verschärfte die Bestimmungen gegen unangemeldete Proteste. Für die folgenden Samstage waren Demonstrationen u. a. auf den Champs-Élysées untersagt.

Die Corona-Pandemie zu Beginn des Jahres 2020 führte auf den Champs-Élysées, wie in den Zentren vieler anderer Metropolen, zu einer gespenstischen Leere. Nie hatte man seit dem Zweiten Weltkrieg die Avenue so verlassen gesehen wie im ersten Corona-Winter. Aber schon im Frühjahr und Sommer 2021 erlebten Einzelhändler und Restaurantbesitzer erste Anzeichen einer Erholung. Laut einer Studie von *Cushman & Wakefield*, einem Unternehmen für Gewerbeimmobilien, waren die Champs-Élysées die europäische Prachtstraße, die sich nach der Krise am schnellsten erholte. Was auch daran lag, dass man in einigen Ländern Europas strengere und länger andauernde Maßnahmen ergriffen hatte.

DER VERHÜLLTE TRIUMPHBOGEN

Zum Symbol für die Wiedergeburt der Champs-Élysées nach vier schwierigen Jahren wurde die von Christo geplante Verhüllung des Triumphbogens für 16 Tage im September und Oktober 2021. Ganze 60 Jahre hatte es gedauert, bis aus der ersten Idee des bulgarischen Künstlers und seiner Frau Jeanne-Claude das fertige Projekt entstanden war. 1961 wohnten die beiden 26-Jährigen in der Nähe des Triumphbogens, ein Jahr später fertigten sie die erste Fotomontage mit dem verhüllten Wahrzeichen an. Aber die konkrete Planung sollte erst 2018 beginnen, neun Jahre nach Jeanne-Claudes Tod und

Abb. 51. Ein Lichtblick nach der tristen Corona-Zeit: Im September 2021 wurde Christos Traum vom verhüllten Triumphbogen wahr.

ein Jahr nach der Wahl Emmanuel Macrons zum Staatspräsidenten. »Ich hatte nicht mehr an die Realisierung geglaubt«, sagte Christo 2019 in einem Interview, »aber der französische Präsident hat es jetzt möglich gemacht.« Ursprünglich war die Verhüllung für zwei Wochen im April 2020 geplant, man verschob sie aber zunächst auf September 2020, aus Rücksicht auf die im Frühjahr im Baudenkmal nistenden Turmfalken. Christo sollte die Realisierung nicht mehr erleben: Er starb am 31. Mai 2020 in New York City. Nach weiteren Verzögerungen wegen Corona war die Verhüllung am 18. September 2021 vollendet. Und die Menschen strömten in Scharen: In den zweieinhalb Wochen der Aktion sollen rund sechs Millionen Besucher den verhüllten Triumphbogen gesehen haben.

In der *Süddeutschen Zeitung* schrieb Nils Minkmar: »Das Werk wirkt in seiner analogen Schlichtheit unwiderstehlich einladend.

Abb. 52. *So sollen die Champs-Élysées in Zukunft aussehen: schmalere Fahrspuren für die Autos, mehr Platz für Fahrradfahrer und mehr Grün.*

Man kann es berühren, die handwerkliche Umsetzung bewundern und sich an der Helligkeit und dem silbrigen Farbschimmer erfreuen. Die Botschaft von der Sichtbarmachung durch Verhüllung verstehen schon Kinder. Es ist Kunst auf Zeit, ein Fest, zu dem alle eingeladen sind. [...] Der Zauber hat eine gut durchdachte materielle Basis, die gerade in einer für viele ihrer Bewohner so gnadenlos teuren Stadt wie Paris eine besondere Wirkung entfaltet: Es gibt keine Tickets, keine Zeitfenster, man kommt und bleibt und bekommt sogar ein kleines Quadrat der Plane geschenkt. Diese ökonomische Verfassung des Kunstwerks macht es so besonders: Für die Besucherinnen und Besucher ist alles umsonst, man wird auch nicht mit einem endlosen Sponsorenmosaik behelligt. Vielmehr wird, wie an Weihnachten und Geburtstag zusammen, die ganze Geldsache hinter den Kulissen geregelt.«

Trotz der spürbaren Erholung der Champs-Élysées zeigten sich auch dort Spätfolgen der Corona-Krise. Die monatelangen Schließungen und der eingebrochene Tourismus hatten etwa dem *Lido* schwer zugesetzt. Das zwischenzeitlich an den Caterer *Sodexo* verkaufte Revuetheater wechselte Ende 2021 erneut den Besitzer. Die *Accor Hotelgroup* übernahm das mittlerweile mit 80 Millionen Euro verschuldete Haus zum symbolischen Preis von einem Euro. Im Mai 2022 war das Ende des *Lido* in seiner bisherigen Form besiegelt, am 28. Juli fand die letzte Vorstellung statt. Künftig soll die traditionsreiche Spielstätte als Musiktheater ohne festes Ensemble genutzt werden.

Aber es war nicht nur das *Lido*. Eine Marktanalyse für die Stadt Paris ergab, dass die Pandemie einen Trend verstärkt hatte, der sich schon vor Corona abzeichnete: dass nämlich die lokale Bevölkerung immer weniger auf die Champs-Élysées ging. Die Pariser nannten mehrere Gründe dafür: den Lärm der stündlich 3000 Autos auf den acht Fahrspuren, die Kommerzialisierung, den Massentourismus.

Tatsächlich hatte sich der Anteil der Touristen erhöht, sie machten rund 70 Prozent der Besucher aus. Hinzu kam: Drei Viertel der Menschen auf den Champs-Élysées waren dort, um zu flanieren, etwas zu trinken oder ins Kino zu gehen. Nur 25 Prozent wollten dort in erster Linie einkaufen.

EIN KLIMAGERECHTER BOULEVARD

Die sozialistische Bürgermeisterin Anne Hidalgo hatte schon Jahre zuvor versucht, mehr Einheimische auf die Champs-Élysées zu locken, etwa durch den Beschluss, dass die Avenue an jedem ersten Sonntag im Monat autofrei ist. Mit Blick auf die Olympischen Spiele in Paris 2024 kündigte Hidalgo nun ein 250 Millionen Euro teures Programm an, um die Prachtstraße grüner denn je zu machen und zu einem »Schaufenster einer verkehrsberuhigten Stadt«, die zugleich besser vorbereitet ist auf die Folgen des Klimawandels.

Der Plan sieht vor, die Fahrspuren für den Autoverkehr von acht auf vier zu reduzieren und dafür die Bürgersteige zu verbreitern sowie Fahrradwege, Grünflächen und Spielplätze anzulegen. Zu den aktuell rund 400 Bäumen sollen 100 hinzukommen, damit es im Sommer mehr schattige Abschnitte gibt und die Luftqualität besser wird. Die versteinerte Place de la Concorde soll an den Rändern begrünt werden, um für Fußgänger eine attraktivere Verbindung zwischen den Tuilerien und den Champs-Élysées zu schaffen. Auch die Place de l'Étoile am anderen Ende der Avenue wird weniger Fahrspuren und mehr Fußgängerbereiche bekommen, für den Winter ist dort eine riesige Eislaufbahn geplant. Um den Anteil kultureller Nutzungen zu erhöhen, will man sich von Beispielen in Tokio, New York oder London inspirieren lassen und die An-

Abb. 53. Die heute versteinerte Place de la Concorde soll künftig begrünt sein und vor allem den Fußgängern gehören

siedlung von Kunstgalerien, Kinos und Theatern fördern. Auch über Bars und Restaurants auf den Dächern wird nachgedacht.

Zum Beginn der Olympischen Spiele am 26. Juli 2024 wird der erste Abschnitt der Neugestaltung an der Place de la Concorde fertig sein, der Rest der Avenue soll bis 2030 ergrünen. Dann werden sich die Champs-Élysées wieder ein wenig mehr jener Zeit ganz am Anfang ihrer Geschichte annähern, als die Pariser dort spazieren gingen, Picknicks veranstalteten und Ballspiele machten. So schließt sich der Kreis – mehr als 350 Jahre nach der Anpflanzung der ersten Bäume durch den königlichen Gartenarchitekten André Le Nôtre.

LITERATUR

Boulevards. Die Bühnen der Welt. Mit einer Einleitung
   von Klaus Hartung. Berlin 1997
Champs-Élysées 1900-1930. Art nouveau, art déco.
   Hrsg. von Maurice Culot und Charlotte Mus. Brüssel 2021
Dictionnaire historique, architectural et culturel des
   Champs-Élysées. Paris 2013
Evenson, Norma: Paris. A century of change 1878-1978.
   New Haven 1979
Gaillard, Marc: Les belles heures des Champs-Élysées.
   Amiens 1990
Maggiori, Claude: Champs-Élysées. Quand l'Histoire de France
   passe sur la plus belle avenue du monde. Grenoble 2021
Münchhausen, Thankmar von: Paris. Geschichte einer Stadt.
   Von 1800 bis heute. München 2007
Pozzo di Borgo, Roland: Les Champs-Élysées. Trois siècles
   d'histoire. Paris 1997

GEBÄUDE

- **1** Nr. 9 Hôtel le Hon
- **2** Nr. 12 ehem. Le Figaro
- **3** Nr. 25 Hôtel de la Païva
- **4** Nr. 42 ehem. Haus Citroën
- **5** Nr. 60 ehem. Standort des Hôtel de Massa, Galeries Lafayette
- **6** Nr. 68 Guerlain-Haus
- **7** Nr. 70 ehem. Vuitton-Building
- **8** Nr. 74 ehem. Hotel Claridge
- **9** Nr. 76-80 Arcades des Champs-Élysées, erster Standort des Lido

- **12** Nr. 99 Restaurant Fouquet's
- **14** Nr. 101 ehem. Maison de France, Louis Vuitton
- **15** Nr. 103 ehem. Élysée Palace Hotel
- **16** Nr. 116 ehem. Lido
- **17** Nr. 119-121 ehem. Carlton Hotel
- **18** Nr. 124 Hôtel Drake del Castillo
- **20** Nr. 129-133 ehem. Standort des Hotel Astoria, Publicis Drugstore
- **21** Nr. 140 McDonald's
- **22** Nr. 142 Maison du Danemark

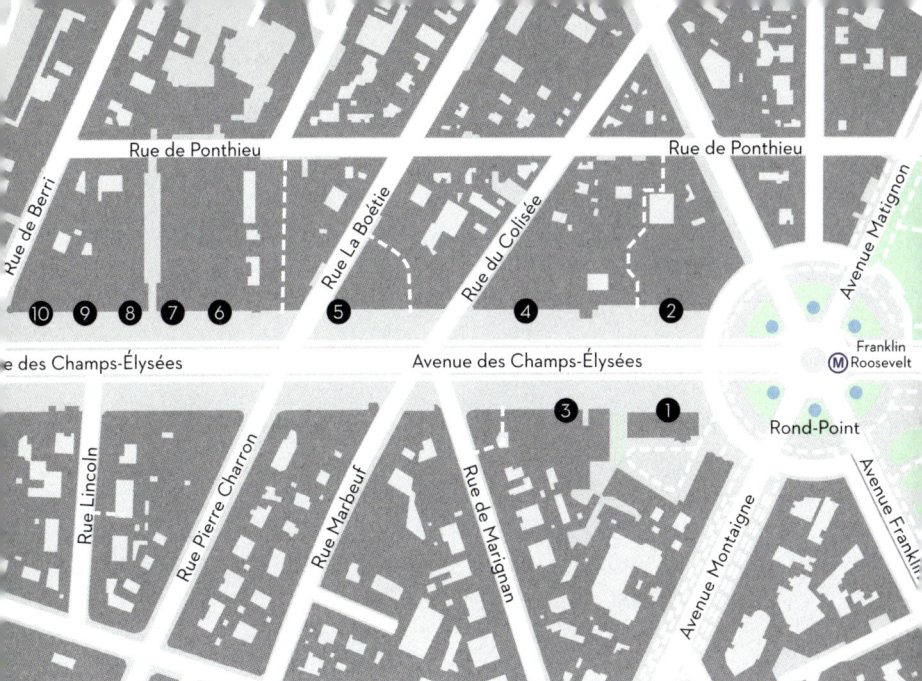

GEDENKORTE

10 Nr. 92 Tafel für Thomas Jefferson, ehem. Standort seiner Residenz Hôtel de Langeac

11 Nr. 102 Tafel für den Polizisten Xavier Jugelé

WOHNUNGEN

13 Nr. 114 ehem. Wohnhaus Alberto Santos-Dumont

19 Nr. 136 ehem. Penthouse von Carlos de Beistegui

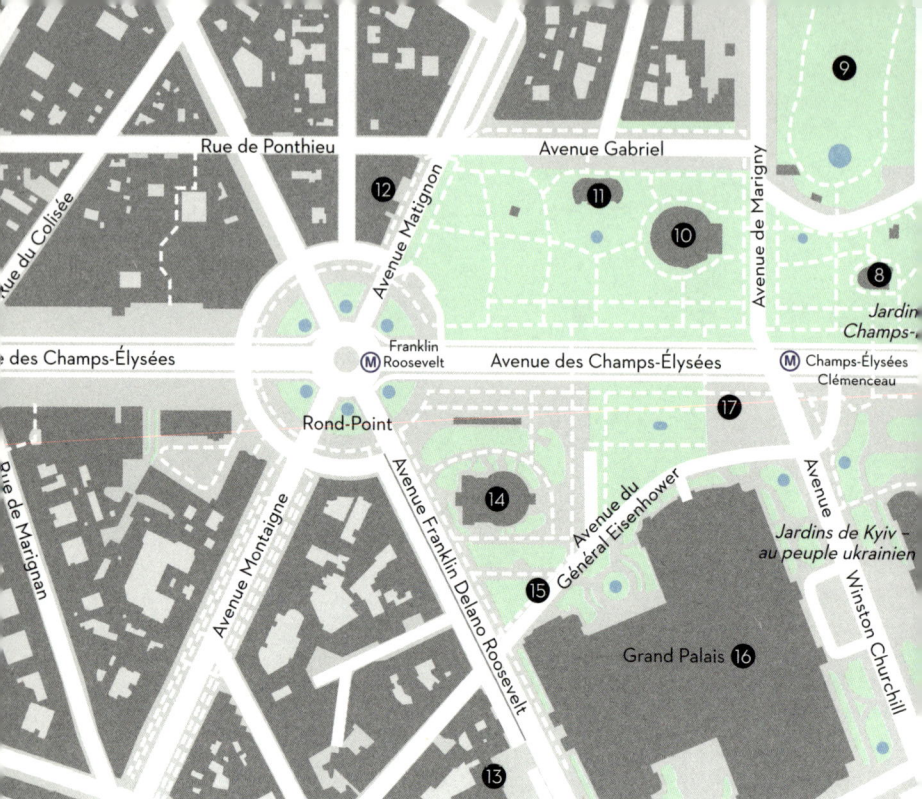

GEBÄUDE

1 Hôtel de la Marine
2 Hôtel Crillon
3 Espace Cardin
4 Pavillon Gabriel
5 Botschaft Großbritannien
6 Botschaft USA
8 Le Pavillon Élysée Té
9 Palais de l'Élysée

10 Theatre Marigny
11 Restaurant Laurent
13 Deutsche Botschaft
14 Theatre du Rond-Point
16 Grand Palais
19 Petit Palais
20 Pavillon Ledoyen

REGISTER

ABBILDUNGSVERZEICHNIS